趣味发明与实践
QUWEIFAMINGYUSHIJIAN

青少年
体育知识博览

TIYUZHISHIBOLAN

刘勃含◎编著

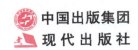

中国出版集团
现代出版社

图书在版编目（CIP）数据

体育知识博览／刘勃含编著．—北京：现代出版
社，2012.12（2024.12重印）
ISBN 978－7－5143－0950－8

Ⅰ.①体⋯ Ⅱ.①刘⋯ Ⅲ.①体育－青年读物②体育
－少年读物 Ⅳ.①G8－49

中国版本图书馆 CIP 数据核字（2012）第275237号

体育知识博览

编　　著	刘勃含
责任编辑	李　鹏
出版发行	现代出版社
地　　址	北京市朝阳区安外安华里 504 号
邮政编码	100011
电　　话	010－64267325　010－64245264（兼传真）
网　　址	www.xdcbs.com
电子信箱	xiandai@cnpitc.com.cn
印　　刷	唐山富达印务有限公司
开　　本	710mm×1000mm　1/16
印　　张	12
版　　次	2013 年 1 月第 1 版　2024 年 12 月第 4 次印刷
书　　号	ISBN 978－7－5143－0950－8
定　　价	57.00 元

前 言

作为人类文化的重要组成部分，体育是随着人类社会的发展而逐渐形成和发展起来的。据史学家和考古学家的研究，人类早在原始时代就把走、跑、跳跃、投掷、攀登、爬越等作为最基本的生产劳动和日常生活的技能和本领传授给下一代。这是人类教学的萌芽，也是体育活动的萌芽。

体育的发展与教育、军事、科学技术的发展，以及人们的宗教活动、休闲娱乐活动有着密切的关系。必须指出，体育在其整个历史发展过程中，是受一定的政治经济所制约，并为一定的政治经济服务。体育的发展大致经过了以下3个时期：原始的体育萌芽时期；自觉从事体育时期；形成与完善体育制度时期。经过这3个时期，逐步形成了现代的体育体系，其中竞技体育的发展更是推动现代体育发展的主要动力。

各种研究资料表明，经常从事体育锻炼的人比伏案工作者平均要多活12年，各器官生理功能的差别可达15年。

体育锻炼对人体各器官的益处主要在于：

循环系统：由于运动时促使心肌加强收缩，因而改善了血液循环。

呼吸系统：经常参加运动的人可使肺活量得到改善，从而使血液的含氧量增加。

消化系统：运动能使胃肠道分泌和蠕动增强，从而促进食欲，形成良性循环。

神经系统：由于运动改善了心肺功能，增加了血液的含氧量，也就调节了神经系统的功能。适当运动后所产生的轻度疲劳感，可解除神经紧张和心理焦虑，利于人的睡眠。

肌肉骨关节系统：运动能改善肌肉和关节的血液循环，强壮骨骼，发达

肌肉，使人体健美，动作灵活轻巧。

　　青少年的身体正处于生长发育期，身体可塑性大，是锻炼身体的"黄金时期"。只要同学们选择合适的体育锻炼内容，掌握适宜的运动负荷，就能有效地促进身体的正常生长发育。但是，要达到这样的锻炼效果，仅仅依靠偶尔的体育运动是不够的，必须要经常性地参加丰富多彩的体育活动。

　　为了满足学生自我发展和适应社会发展的需要，我们编写了《青少年体育活动必知》一书。该书吸取了现代体育、健身健美研究新成果，又结合奥林匹克运动项目进行了精选和重组，反映了体育项目特征和体育文化价值，是一本难得的体育科普读物。

　　本书写作风格、表现形式具有创新性，结构新颖、语言通俗、图文并茂，有较强的可读性。

目　录

田径类体育活动

　　田径是世界上最为普及的体育运动之一，也是历史最悠久的运动项目。田径运动是人类长期社会实践发展起来的，包括男女竞走、跑跃、投掷40多个单项，以及由跑、跳跃、投掷部分项目组成的全能运动。

　　经常系统地从事田径运动，能促进人体的新陈代谢、协调神经系统与运动器官之间的联系，提高心血管系统、呼吸系统及其他内脏器官的功能；能全面发展力量、速度、耐力、灵敏、协调等身体素质，促进正常发育，提高健康水平；还能促使走、跑、跳、投掷的技能更趋合理有效。因此田径运动早已是各级学校体育课的基本内容和国家体育锻炼标准的主要项目，并且越来越被广大群众选作日常锻炼的方法。

跑步与赛跑

　　跑步健身是最常见、最方便、最适用、最见效的健身方法。不仅适用于青少年，也适用于中老年；不仅适用于健康人，也适用于体弱多病者。但是一定要注意：自我掌握运动量，以舒服为度。当然如果是青少年要想跑出成绩就得吃点苦，但也要注意科学锻炼，遵循循序渐进的原则。

练习跑步基本要求：轻松、协调、平稳、坚定。

练习跑步的好处有：

1. 能锻炼意志。坚强的意志只有在实践中才能锻炼出来。

2. 能发展腿部肌肉力量和耐力，提高跑的速度，锻炼脚板功夫。

3. 能提高内脏器官系统功能。

中长距离跑：是中距离跑和长距离跑的合称，男女800米、1500米属于中距离跑。女子3000米、男女5000米、10 000米以上为长距离跑。中长跑不仅能改进和增强人体心血管系统的功能，还能培养刻苦锻炼和吃苦耐劳的意志品质，对人体功能有着深刻的影响，是中小学课余训练和广大中老年朋友健身锻炼时采用的主要项目。

赛 跑

赛跑分长距离跑、中距离跑、短距离跑3种。

长距离跑简称长跑。据记载，现代最早的正式长跑比赛是1847年4月5日在英国伦敦举行的职业比赛。奥运会比赛项目男、女均为5000米跑和10 000米跑。

中距离跑简称中跑。中跑项目最早的正式比赛是1847年11月1日在英国伦敦举行的比赛，英国的利兰以2分01秒的成绩获得800米跑冠军。原为职业选手的表演项目，后逐渐扩展到业余运动员。运动员比赛时不使用起跑器，听信号统一起跑。奥运会比赛项目男、女均为800米跑和1500米跑。

短距离跑简称短跑。跑是人类与生俱来的基本能力，自古以来就是一种比赛形式，几乎每个国家的文献中都有描述。现代短跑起源于欧洲，最早被列入正式比赛是在1850年的牛津大学运动会上。19世纪末，为规范项目设置，将赛跑距离由码制改为米制。初为职业选手的表演项目，后逐渐扩展到业余运动员。运动员比赛时必须使用起跑器，听信号统一起跑，必须自始至终在自己的跑道内跑动。奥运会比赛项目男、女均为100米跑、200米跑和

400 米跑。

赛跑竞赛的场地

一般分为场地跑、公路跑和越野跑 3 种。

1. 场地跑场地。场地跑场地是半圆式田径场地的结构。其跑道是由两个半径相等的半圆弯道和两个相等的直段组成。

①纵轴线，它处于田径场正中，把整个田径场按纵轴方向分成相等的两部分。②中心点，位于纵轴的中点。它确定两端弯道圆心的基准点。③圆心，半圆式田径场有两个圆心，都在纵轴线上，与中心点距离相等。它是弯道内突沿、外突沿和各分道线的圆心。④内突沿和外突沿，跑道的内突沿和外突沿是跑道的内边和外边。突沿高和宽均为 5 厘米，突沿的宽度不计入跑道的宽度之内。⑤直、曲段分界线是通过圆心，垂直于纵轴线，把跑道的直段和曲段（弯道）分开的线。⑥直段和直道。直段是指两个弯道之间的直跑道，田径场有两个直段。直道是直段和直段两端延长的一段跑道的总称。⑦分道宽和跑道宽。分道宽是指各条分道的宽度。跑道宽是指内突沿和外突沿之间的宽度，也称跑道总宽，它是由分道数和分道宽决定。⑧分道线是把跑道画分为各条分道的线，线宽 5 厘米，包括在里侧分道的宽度之内。⑨计算线是计算跑道周长和各条分道周长的线，第 1 分道周长的计算线是距离内突沿的外沿 0.30 米处，其余各条分道的周长计算线是距离里侧分道线的外沿 0.20 米处。

2. 公路跑和越野跑。公路跑要选择比较安全的路线，公路的坡度不能起伏太大。越野跑一般选择自然环境好，较为开阔的草地或田野上举行。

赛跑竞赛器械

1. 起跑器。短跑径赛项目的起跑必须使用起跑器。其他径赛项目的起跑采用站立姿势。起跑器连接着起跑监视器，以帮助发令员确认起跑是否犯规以及对起跑犯规负有责任的运动员。

2. 全自动终点摄影计时系统。全自动终点摄影计时装置必须从发令员的枪或经批准的类似装置启动开始计时，在该系统中拍摄的图像必须与计时系统同步，且可以精确到 1/1000 秒。

3. 成绩实时显示牌。显示牌与全自动终点摄影计时系统相连接，可以同步显示每组第一名成绩、实时成绩和分段成绩，便于观众了解比赛进程与结果。

赛跑竞赛规则

1. 短跑、中长跑的名次判定。在田径比赛中，所有赛跑项目参赛者的名次取决于其身体躯干（不包括头、颈、臂、腿、手或足）抵达终点线后沿垂直面为止时的顺序，以先到达者名次列前。在任一赛次中，按成绩录取进入下一赛次时如遇运动员成绩相等，则终点摄像主裁判应考虑有关运动员的 1/1000 秒的实际成绩。如果成绩依然相等，则有关运动员均应进入下一赛次。如实际条件不允许，应抽签决定进入下一赛次的入选。在决赛中第一名成绩相同，裁判长有权决定是否重赛，若无条件重赛，则并列第一；至于其他名次成绩相同，按并列处理。

2. 短跑及中长跑的起跑。在国际赛事中，所有 400 米或以下的径赛项目，必须采用蹲踞式起跑及起跑器。

发令员口令为"各就各位"、"预备"，最后发令枪响。在"各就各位"及"预备"口令之后，参赛者应立即完成有关动作，否则属起跑犯规。如果有运动员抢跑，发令员就会宣布起跑犯规。对第一次起跑犯规的运动员应给予警告，除了全能项目之外，每项比赛只允许一次起跑犯规而运动员不被取消资格，之后每次起跑犯规的运动员均将被取消该项目的比赛资格。

全能运动比赛中，如果一名运动员两次起跑犯规，将被取消比赛资格。

除此以外，在"各就各位"口令发出后，以声音或动作扰乱他人，也判为起跑犯规。在枪声响起前有任何起跑动作，均属起跑犯规。如因仪器或其他原因而非运动员造成的起跑，应向所有运动员出示绿牌。

400 米以上（不含 400 米）的径赛项目，均采取站立式起跑。发令员口令为"各就各位"，当所有参赛者在起跑线后准备妥当静止后，便可鸣枪开始比赛。

3. 分道跑。运动员在所有短跑、跨栏跑和 4×100 米接力赛中自始至终都必须在自己的跑道里。800 米和 4×400 米接力赛，在自己的跑道里起跑，当运动员通过抢道标志线以后才能离开自己的跑道，切入里道。运动员的跑道由技术代表抽签确定。第二轮开始的各轮比赛，跑道的选择还需依据运动员在上一轮的比赛结果，如排名前4位的运动员抽签后分别占据第3、4、5、6跑道，后4名抽签排定第1、2、7、8跑道。

在分道跑和部分分道跑的径赛项目中，参赛者越出跑道，获得实际利益或冲撞、阻碍其

跑　道

他参赛者，会被取消资格。如果参赛者被推出或挤出指定的跑道，只要未获得实际利益也未影响他人，可不取消其参赛资格。同样，任何参赛者在直道中越出其跑道或在弯道中越出其跑道的外侧，只要没有获得实际利益及阻碍他人，均不算犯规。

4. 赛次和分组。径赛一般分为第一轮、第二轮、半决赛和决赛4个赛次。而赛次的安排和分组，以及每一赛次的录取人数等将根据报名参加比赛的人数决定。预赛分组时要尽可能把成绩好的运动员平均分配到不同的小组中去。在其后的各轮比赛中，分组依据运动员在前一轮的比赛成绩。如果可能，相同国家或地区的运动员应分开。

练习中长跑的基本技术

跑步时，身体各部分的动作要协调配合，也是比较有规律的。每跑完两步算是一个完整的周期（左右腿各一次）。

途中跑可分为后蹬与前摆、腾空和着地缓冲阶段。动作特点是：后蹬时要快速有力、充分。（膝角度约160°～170°），方向正、角度适宜，前摆幅度大、速度快、方向正、膝放松、髋前送。躯干正直稍前倾（快速跑稍大于耐久跑）。腾空时身体放松。落地时前脚掌先着地（或全脚掌着地），尽量做向下向后方扒地动作，动作要柔和。耐久跑如用脚跟先着地应迅速向前滚动至全脚掌着地，后摆腿膝放松，大小腿自然折叠，身体稍前倾。两臂屈肘以肩为轴前后自然摆动。快速跑自然呼吸，不要闭气；耐久跑呼吸应有

节奏，如两步一呼、两步一吸；三步一呼、三步一吸。用鼻或口鼻混合呼吸。

耐久跑途中出现"极点"是一种正常的生理现象，一方面要做深呼吸，一方面要调整跑速，特别是要加深呼气。另一方面要发扬拼搏精神，坚持到底。耐久跑全程跑应合理调节跑速，有计划地分配体力以充分发挥身体潜能。跑时注意力要集中，注意重点应根据跑步性质、个人技术和体力而定。

需要注意运动量和运动强度，注意运动后的个人卫生，运动后勤洗澡。运动时注意着装不要太厚以免热量不好散发出来；太少则容易伤风感冒。运动时衣服的大小松紧要合适，最好透气性和吸汗性要好。

在操场外的道路上要注意安全。注意吃过饭后不要立刻运动，运动后不要立刻吃饭（进食）一般要停 30 ~ 40 分钟以后。注意在太阳暴晒或有雾下雨的情况下不要跑步。夏天注意运动后的饮水，冬天注意运动后的保暖。一般根据自己的身体状况确定跑步的距离 1500 ~ 5000 米之间。至于跑步的时间早晨或傍晚都可以。

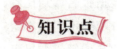 知识点

全能运动

全能运动是田径运动项目中的一种。是由跑、跳、投等 10 个田径项目组成的综合性男子比赛项目。田径全能运动曾经历过多次演变和不断增大难度的过程。

参加十项全能比赛的运动员必须在两天内按顺序完成十项比赛。第一天：100 米跑、跳远、铅球、跳高、400 米跑；第二天：110 米跨栏、铁饼、撑杆跳高、标枪、1500 米跑。比赛成绩是按照国际业余田径联合会制定的专门田径运动全能评分表，将各个单项成绩所得的评分加起来计算的，总分多者为优胜。

怎样提高短跑的速度

短跑是田径运动的基础，它包括男子 100 米、200 米、400 米，女子 100 米、200 米，但对中小学生来说，一般为 60 米。

（1）起跑。一般采用蹲踞式起跑，为两脚能牢固地支撑，可使用起跑器。听到"各就各位"后作几次深呼吸，两脚分别踏上前后的起跑器，后膝跪地，四指并拢与拇指构成"八"字形，双手拇指相对，虎口向前，除小指外其余各指用第一指节触地，双臂伸直，两手距离与肩同宽或稍宽，重心前移。听到"预备"口令后，抬起臀部，集中注意听枪声。听到枪声后，两手离地，两腿几乎同时蹬起跑器，双腿摆动要有力，再配合双臂的协调有力的摆动，用力把身体往前送，逐渐使充分后蹬的腿向前上方移，用前脚掌着地。这时，两臂摆幅增大且有力，步长也要不断加大，步频也渐加快，自然地向途中跑过渡。

（2）途中跑。它相对起跑而言是最长的距离，是跑出成绩的关键距离。既要进一步提高起跑时所得的速度，并尽可能地用最快速度跑到终点。跑的时候，头要正对前方，两眼向前平视，上身保持正直或略向前倾。两臂要以肩关节为轴，轻松有力地前后摆动，腿的摆动也要大，和两臂的摆动互相配合协调就能增大摆动幅度。步长也能加大，自然而然得到步频的提高，最后得到了速度的提高。

（3）弯道跑。在跑 200 米和 400 米的时候，就有一半的距离是要在弯道上跑的，所以跑好弯道也是至关重要的。如今的跑道一般是环形的，运动员要沿着跑道逆时针方向跑。据说，现实生活中的"右撇子"占绝对多数，右手灵活，把活动量大的右手置于外侧，左脚为"轴"进行运动、转弯，右脚就成了主要运动的脚，在转弯时，身体自然向左倾斜，使左脚成了主要支撑身体的重量，帮助了左转弯，这时人的右肩高于左肩，右臂摆幅大于左臂的摆幅。在快离开弯道时，身体要逐渐过渡到正常姿势，但不要突然改变，否则会影响速度的。

（4）终点冲线：在快要到达终点前，要有一段终点冲线跑。要以全身的力量，顽强的毅力冲向终点。在离终点的最后一步时，上身迅速前倾，以胸部或肩部接触终点带。

跨栏跑

跨栏跑，是途中设有固定数量、固定距离、固定高度栏架的短跑项目，也是田径运动中技术比较复杂、节奏性比较强、锻炼价值比较高的项目。从事跨栏跑运动，可以培养勇敢、顽强、果断和克服困难的意志品质，并能有效地发展速度、弹跳力、柔韧和灵敏等身体素质。

跨栏跑在 19 世纪最早出现于英国，当时叫障碍跑，是男子项目，采用一般的栅栏作障碍物。后来出现了埋在地上的木栏架，以后又改为像锯木柴用的支架。跨越这类障碍物，不但危险，而且还容易发生伤害事故，而且也妨碍了跨栏跑技术的提高。

跨栏比赛

20 世纪初，出现了可移动的⊥形栏架，促进了跨栏技术的发展。1935 年比赛中采用了 L 形的栏架，栏架底部加重，栏板只要受到 3.6~4 千克的冲撞力量，就会向前翻倒，栏架的这种结构，一直被沿用到现在。

1837 年在英国首次举行了大学生跨栏跑比赛。1896 年第一届奥运会，跨栏跑是正式比赛项目之一，但是当时跨栏的技术很不完善，不是跨栏，而是前腿弯着绕过栏，因此成绩不高，这届运动会冠军的成绩是 17 秒 6。

1900 年第二届奥运会，跨栏技术已有所改进，创造了"跨栏步"技术，美国运动员获得了 110 米跨栏冠军，成绩是 15 秒 4。

1908 年第四届奥运会，美国运动员采用了上体前倾的过栏姿势，并改进了起跨腿的动作（起跨腿蹬地结束后不直接前拉，而是经过体侧向前提拉过栏），以 15 秒的成绩获得了冠军。

1920—1922 年加拿大运动员除了用上体前倾帮助起跨腿过栏，避免身体重心上升过高外，还采用了单臂前摆帮助上体前倾的跨栏技术，以 14 秒 8 的成绩获得了第七届奥运会的冠军。

1936 年美国运动员过栏时把摆动腿的膝抬得很高，这对过栏后第一步迅速落地起着很大作用，技术又有了改进，以 14 秒 2 的成绩获得了第十一届奥运会的冠军。

1959 年前西德运动员创造了 13 秒 2 的世界纪录（人工计时）。直到 1973 年美国运动员才以 13 秒 1 的成绩刷新了纪录。到 1980 年止的世界纪录是电动计时为 13 秒 16，人工计时为 13 秒。

20 世纪 70 年代以来，由于塑胶跑道的出现，跨栏跑的技术又有了新的变化，这种变化是由跨栏向跑栏过渡，全程跑的速度提高了（110 米跨栏跑平均速度每秒 8~9 米，女子 100 米跨栏为每秒 8 米），"跨栏步"的绝对速度也有一定提高，过栏和栏间跑的速度更加接近。

1990 年北京亚运会上，我国选手刘华金在女子 100 米栏赛中以 12 秒 73 的成绩，打破她自己保持的 12 秒 89 的亚洲纪录。中国选手刘翔在 2004 年雅典奥运会追平了沉睡 13 年的纪录，是 12 秒 91。后来在国际田联超级大奖赛洛桑站他又打破了这个纪录，创造了 12 秒 88 的好成绩。古巴人罗伯斯于 2008 年 6 月 12 日创造了新的世界纪录："12 秒 87"。

比赛项目分男子 110 米跨栏跑、400 米跨栏跑；女子 100 米跨栏跑、400 米跨栏跑。男子 110 米跨栏跑的栏高为 106 厘米，400 米跨栏跑的栏高为 91.4 厘米；女子 100 米跨栏跑的栏高为 84 厘米，400 米跨栏跑的栏高为 76.2 厘米。

跨栏跑的成绩，取决于运动员的平跑速度、跨越栏架的完善技术，以及跑、跨两者协调配合的能力。仅有好的跑速，而无跨越栏架的完善技术，是不能在跨栏跑中获得优异成绩的。同样，仅有合理技术，而无良好跑速，也是不能在跨栏跑中获得更高成绩的。

跨栏跑竞赛场地

跨栏跑的场地同场地跑场地，但是要加上跨栏架。

跨栏跑竞赛器械

跨栏架用金属或其他适宜材料制成，顶端横木是木材料，两端固定，颜色为黑白相间。栏架高度可按不同项调整，在栏架底座上应设有重量调节器。最大宽度为 1.2 米，底座最长 0.70 米，栏架总重量不得少于 10 千克。

跨栏跑竞赛规则

1. 男女跨栏项目每条分道须按以下的规定设置栏架。

（1）栏架可用金属或木料制作，用两个底座、两根立柱将一个长方形栏板支撑起来。每个栏架的总重量不得少于 10 千克。栏架的设计，要以 3.6 ~ 4 千克的力量加在栏板上端中央时能推倒栏架为合格。栏架的高度应可调节，各种不同高度的栏架应有重量调整器来保证上述要求。

（2）检验栏架被推倒所需要的重量，可用弹簧秤勾住栏板的中心点，施以拉力。也可用绳子，一端拴在栏板的中心处，另一端通过滑车拴上规定重量的重物进行检验。

（3）栏架标准尺度：栏架高度：女子 100 米栏 0.840 米，400 米栏 0.762 米；男子 110 米栏 1.067 米，400 米栏 0.914 米。栏架宽度最多 1.2 米，底座长最多 0.70 米。

（4）栏板宽 7 厘米，厚 1 ~ 2.5 厘米，其顶部的边沿应磨圆。两端应固定。

跨栏架

（5）栏板应漆成黑白相间的两色，两端为白色条纹，条纹宽度至少为 22.5 厘米。在跑道上放置栏架时，底座两脚应指向起点的方向。

2. 所有跨栏项目均为分道跑，运动员必须沿自己的分道跑进。

3. 跨栏时，凡腿或脚由栏架外面越过，或有意地用手推倒或用脚踢倒任何一个栏架，应取消其录取资格。

4. 除上述情况外，不得因碰倒栏架而取消录取资格或不承认纪录。

5. 跨栏中，两臂或手摆越到栏架外面，如影响邻道运动员时，应判为犯规。

6. 创世界纪录时使用的栏架，必须全部是国际标准栏架。

跨栏跑基本技术

1. 起跑至第一栏的技术

起跑的过程与短跑基本相同，起跑至第一栏起跨点的一般采用8步起跨，起跑时应把起跨脚放在前起跑器上。起跑后上体抬起要比短跑早些。

2. 过栏技术

过栏是跨栏技术的关键部分，它由起跨、腾空过栏和下栏着地等动作组成。

（1）起跨前应保持较高的跑速，最后一步比前一步的步长小一点，当起跨腿脚掌着地时，摆动腿由体后向前摆动，大小腿在体后开始折叠，膝关节摆至超过腰部高度。两腿蹬摆配合完成起跨运动过程中上体随之加大前倾，摆动腿异侧臂往前上方摆出，另一臂屈肘摆至体侧，形成"攻栏姿势"。

（2）腾空过栏：腾空后身体重心沿着起跨所形成的腾空轨迹向前运行。起跨腿蹬离地面后，摆动腿大腿继续向前上方摆至膝关节超过栏架高度，小腿迅速前摆，当脚掌接近栏架时，摆动腿几乎伸直，脚尖微微上跷。摆动腿的异侧肩臂一起伸向栏架上方。上体加大前倾使头部接近或超过摆动腿的膝，略高于踝。

（3）下栏着地：摆动腿积极下压，起跨腿加速向前提拉，以髋为轴完成两腿剪绞动作，摆动腿脚掌移过栏架的同时，起跨腿屈膝外展，小腿收紧抬平，脚尖勾起足跟靠臀，以膝领先经腋下加速前拉，当脚掌过栏后，膝继续收紧向身体中线高抬，脚掌沿最短路线向前摆出，身体成高抬腿跑的姿势，伸直下压的摆动腿在接触地面时，前脚掌做积极扒地动作。

3. 栏间跑技术

110米栏间三步步长不等，每步步速和支撑、腾空时间的关系都有变化，这就构成栏间跑所特有的节奏。

栏间跑第 1 步的水平速度因过栏有所降低，蹬地起步时膝关节始终伸直，因而第 1 步短于后面两步。

第 2 步的动作结构和支撑及腾空时间关系大致与短跑的途中跑相同。

第 3 步因准备起跨形成一个快速短步，动作特点与跨第一栏的最后一步相同。

跨栏步

跨栏跑动作术语。跨栏步是指跨栏跑中越栏的一步。从起跨腿脚掌着地准备起跨，到摆动腿腾起过栏着地为止。动作过程包括起跨攻栏、腾空过栏、下栏着地三部分。起跨攻栏指起跨腿脚掌踏上起跨点到攻栏结束；腾空过栏指起跨结束，身体进入无支撑腾空阶段；下栏着地指身体腾空阶段到摆动腿脚掌着地支撑结束。

跨栏跑错误及纠正方法

直腿攻摆

产生原因：

1. 对动作要领理解不够，动作概念不清。

2. 攻栏时，大小腿折叠和向前上方摆高度不够，造成小腿摆伸过早。

3. 摆动腿膝关节过分紧张，动作不正确。

纠正方法：

1. 观看优秀运动员的录像。用 DV 拍摄自己的动作并和优秀运动员的录像动作进行比较并找出不足。

2. 面对肋木、墙壁多做攻摆练习，一定要有意识做大小腿折叠和向前上方摆动的动作。

3. 多做膝关节放松摆伸练习，熟练掌握攻摆动作。

跳栏

产生原因：

1. 起跨腿弯曲过大，脚跟着地跨地角度大，垂直分力过大。

2. 起跨点离栏架太近，限制摆动腿向栏迅速前摆，怕碰栏。

3. 摆动腿上摆，下放摆动腿消极缓慢。

纠正方法：

1. 确定适宜的起跨点，使起跨点距栏架不短于自己的 7 个脚掌长，适当加快栏前跑的速度。

2. 利用活动轻便的铝塑管代替栏架的横板做跨栏练习，消除害怕碰栏的顾虑，当有信心时转入正式栏架的练习。

3. 加强柔韧性的练习，掌握摆动腿屈腿摆动的攻栏技术。

上栏前拉大步

产生原因：

1. 下栏后速度下降过大，第一步太短被迫拉大后两步。

2. 练习时，栏间距太长，跑速和腿部力量不够，不拉大步到不了起跨点。

3. 栏间跑只注意跨步，忽视腿臂的积极配合，失去正确的平跑姿势。

4. 对三步跑过必要的栏间距缺乏信心。

纠正方法：

1. 在第 1 步落地点画上标志，以加大下栏后第 1 步的步长。并注意下栏后要保持速度强化过栏后紧接跑的意识。

2. 缩短栏间距或降低栏架高度，也可适当重复练习栏间 5 步跑的连续跨栏。

3. 发展腿部力量，提高弹跳力，注意改善平跑技术。

接力跑

田径运动中唯一的集体项目。以队为单位，每队 4 人，每人跑相同距离。其起源有多种说法，有的认为起源于古代奥运会祭祀仪式中的火炬传递，有的认为与非洲盛行的"搬运木料"或"搬运水坛"游戏有关，也有的认为是从传递信件文书的邮驿演变而来。奥运会比赛项目分男、女 4×100 米接力跑和 4×400 米接力跑。接力跑运动员必须持棒跑完各自规定的距离，并且必须在 20 米的接力区内完成传接棒。

19 世纪末，接力跑被正式列为径赛项目。当时的比赛规则规定接棒人在 20 米接力区内，跑进中从传棒人手中接棒。而现在 4×100 米接力，接棒人在接力区前 10 米即可开始预跑，但传接棒仍在 20 米的接力区内完成。

1912 年，男子 4×100 米和 4×400 米接力跑被正式列为奥运会比赛项目。

1928 年，女子 4×100 米接力正式成为奥运会的比赛项目。

男子 4×100 米接力于 1912 年首次列为奥运会项目。参赛共 8 个队，但最后只取了两个队，美国、瑞典分获冠亚军。德国队在预赛中以 42 秒 3 创造了这个项目的第一个正式世界纪录。此后美国在奥运会接力赛中出尽风头。从 1920 年第 7 届开始，除 1960 年、1988 年和 1992 年（1980 年莫斯科奥运会没参加）外，包下了其余各届 4×100 米接力的冠军。他们在世界杯、世界锦标赛上也屡建功勋。世界纪录的宝座，虽竞争激烈，但大多数时间在美国人手中，英国、荷兰、德国也曾数领风骚。

接力赛

4×400 米接力赛比 4×100 米接力早 4 年列入奥运会，美国队更是战绩辉煌。自 1911 年美国创建第一个世界纪录后的数十年间，世界纪录虽多次被刷新，绝大多数是美国队所创造。

女子接力赛登上世界舞台的时间较晚，1928 年奥运会上首次进行了女子 4×100 米接力赛，加拿大获得冠军，成绩为 48 秒 4。4 年后，美国以 47 秒捧杯。1936 年柏林奥运会，德国人在预赛中以 46 秒 4 创造该项第一个世界纪录，但冠军却被美国人夺去。1952 年奥运会，4×100 米接力赛高潮迭起，首先是澳大利亚在预赛中破世界纪录，接着美国和前联邦德国在决赛中双破纪录并分享了冠、亚军。

20 世纪 60 年代，前苏联也展现了一定的实力，曾数破世界纪录。女子 4 × 400 米接力开展较晚，1969 年才由前苏联创下第一个世界纪录，成绩 3 分 47 秒 4。但这只是一个开端。这一年，此项纪录像开了闸的潮水，不足 4 个月的短短时间内，欧洲的前苏联、英、法、德等国，相互角逐，7 次破世界纪录，成绩从 3 分 47 秒 4 提高到 3 分 30 秒 8。

接力赛场地

接力跑场地同赛跑场地。

接力赛器械

接力棒为光滑的空心圆管，由木料、金属或其他材料制成。长度为 28 ~ 30 厘米，直径为 1.2 ~ 1.3 厘米，重量为 50 克。一般漆成红、白各半的颜色。正式接力比赛在标准田径场地上进行，接力区为 20 米。每个接力区前有 10 米的预跑区。

接力赛竞赛规则

（1）应在跑道上画出 5 厘米宽的横线标明各段之间的距离和起点线。

（2）4 × 100 米和 4 × 200 米接力项目，第 2、3、4 棒运动员可从接力区后面 10 米以内的地方起跑，应在每条分道上清楚标明此领跑线的位置。4 × 100 米接力，如有可能也包括 4 × 200 米接力的赛跑应始终为分道跑。4 × 200 米（如不为全程分道跑）和 4 × 400 米接力赛跑，在第 1 圈和第 2 圈的第一弯道末端抢道线前为完全分道跑。

4 × 400 米接力的第 1 次交接棒应在各自分道内完成，第 2 棒及以后各棒运动员必须在接力区内起跑。各队第 2 棒运动员越过第一弯道末端的抢道线后，即可离开各自的分道切向里道。抢道线应为一条弧线，宽 5 厘米，横跨跑道，在抢道线两端的跑道外侧各插一面高至少 1.50 米的标志旗。

（3）标志物进行分道接力赛跑时，运动员可以在自己的分道内使用胶布做一个标志，其最大尺寸为 5 厘米 × 40 厘米，颜色应明显区别于跑道上其他永久性标志。不许使用粉笔或其他任何擦不掉痕迹的类似物质。在煤渣或草

地跑道上，允许使用针鞋在自己的分道上划标记。在上述两种情况中，不得使用其他标志物。

（4）接力棒运动员必须手持接力棒跑完全程。如发生掉棒，必须由掉棒运动员捡起。允许掉棒运动员离开自己的分道捡棒，但不得因此缩短比赛距离。如果捡棒时缩短比赛距离或侵犯其他运动员，则取消其比赛资格。在所有接力赛跑中，必须在接力区内传递接力棒。接力棒的传递开始于接力棒第一次触及接棒运动员，接棒运动员手持接力棒的瞬间才算完成传递。仅以接力棒的位置决定是否在接力区内完成接力，而不取决于运动员的身体或四肢的位置。

（5）4×400米接力的第3、4棒的运动员应在指定裁判员的指挥下，按照同队传棒运动员跑完200米时的先后顺序（由内向外）排列各自的接棒位置。一旦传棒运动员跑过200米处，接棒运动员应保持其排列顺序，不应改变其在接力区起点处的位置。

在其他接力项目比赛中，当进行不分道跑时，接棒运动员在同队传棒队员即将到达时，只要不冲撞、阻挡其他运动员以致于妨碍其跑进，可移向跑道内侧的位置接棒。

（6）运动员传棒之后，应留在各自分道或接力区内，直到跑道畅通，以免阻挡其他运动员。运动员传棒之后，凡跑离所在位置或跑出分道而故意阻碍其他接力队员者，将取消该队的比赛资格。

（7）凡通过推动跑出或采用其他方法受到帮助者，应取消其比赛资格。

（8）一旦接力队开始比赛，只允许该队有两人作为替补队员参加后继赛次的比赛。替补队员应是已报名参加运动会的接力或其他项目比赛的运动员。在每一赛次比赛前，必须申报接力队的队员和各棒队员的顺序。已参加接力比赛的运动员，一经替换，不许参加该项目后继赛次的比赛。

接力赛中传接棒方式

接棒人应选好站立位置，一般站在接力区后沿外10米处。掌握起动和接棒时机，当拿棒人跑至起动标志（5~7米）时，即刻起动。当距接棒人1.5~2米，传棒人发出预定信号时，接棒人立即伸手接棒，之后应高速跑向前方。总之，传接棒应在跑动中进行，以免浪费时间。

4×100米接力跑传接棒一般分为3种方式：

（1）下压式：接棒手臂体侧后伸，四指并拢，虎口张开，掌心朝上。传棒人将棒前端由上往下压入接棒人掌中。第1棒右手持棒沿跑道内侧进行，第2棒左手接棒沿着道外侧跑，第3棒右手接棒沿跑道内侧跑，第4棒左手接棒跑完全程。

接力棒

（2）上挑式：接棒手臂微屈伸向后面，虎口朝下，四指并拢，传棒人将棒端自下而上挑，送入接棒人手中。

（3）混合式：第1棒左手上挑式传给第2棒左手。第2棒用下压式传给第3棒右手，第3棒用上挑式传给第4棒左手，第4棒跑完全程。究竟采用何种方式视具体情况而定。

知识点

预　赛

决赛之前进行的选拔参加决赛者的比赛。

预赛一般要与正式比赛有一样的活动流程，同样具有主办单位、承办单位，竞赛地点和时间安排，竞赛项目的规定，参赛资格的审查，预赛办法的制定，包括报名时间、联系方式、参赛的费用、预赛日程、预赛规则、裁判员的选定、录取名次等。

延伸阅读

接力赛队员的配合

4×100米接力跑在安排各棒队员时，必须考虑发挥每个人的特长。

一般第一棒应安排起跑好，并善于跑弯道的运动员；第2棒应是速度快、专项耐力好，善于传、接棒的运动员；第3棒除应具备第2棒的长处外，还要善于跑弯道；通常把全队成绩最好、冲刺能力最强的运动员放在第4棒。

　　4×400米接力跑，由于400米后程的跑速明显地降低，传接棒的技术比较简单。各棒之间的配合以第1棒和第4棒的安排为主。一般将速度较快的运动员放在第1棒，争取获得领先地位；第4棒安排速度耐力好，意志品质较顽强的运动员，一旦前3棒落后，可奋起直追，一拼到底。

▍▍▍ 竞　走

　　19世纪初，英国出现步行比赛的活动。19世纪末，部分欧洲国家盛行从一个城市到另一个城市的竞走旅行。

竞走比赛

　　竞走分场地竞走和公路竞走两种。和马拉松一样，同样是在2004年1月1日设世界纪录。运动员行进时，两脚必须与地面保持不间断接触，不准同时腾空，着地的支撑腿膝关节应有一瞬间的伸直，不得弯曲。比赛时，运动员出现腾空或膝关节弯曲，均给予严重警告，受3次严重警告即取消其比赛资格。

　　18世纪，竞走运动已经在一些国家中盛行，1809年当时最有名的英国运动员巴克里，用了42天走了1 000英里，从此他世界闻名，推动了这项运动。到20世纪初，竞走被列入奥运会的比赛项目。

　　竞走于1908年的奥运会正式成为比赛项目，并且分为3500米及10

千米两种赛程，后来亦出现过 3000 米及 10 000 米的赛事。1932 年的奥运会首次加入 50 千米竞走的公路赛，而 10 000 米竞走则在跑道上进行。

自 1956 年起，20 公里及 50 公里竞走正式成为奥运会的比赛项目，并且在公路上进行。女子竞走比赛始于 1932 年的前捷克，直至 1992 年的奥运会，女子 10 公里竞步才正式成为比赛项目，而且也是在公路上进行，结果由中国的运动员陈跃玲夺得首枚奥运女子竞走金牌。

此外，中国的女子竞走运动员如阎红、徐永久、李素杰、关平、金冰洁、徐跃玲等，亦曾多次刷新 5000 米及 10 000 米竞走的世界纪录。

竞走竞赛的场地

竞走竞赛分两种，一是场地赛，另一种是公路赛。场地赛就在跑道上进行；而公路赛事没有场地，由官方选定路线即可。

竞走竞赛规则

1. 竞走意义

竞走是两腿交互迈步前进，与地面保持不间断的接触。在任何时间都不得两脚同时离地。

运动员迈步时，后脚必须在前脚落地后才能离地；每走一步，向前迈进的脚在着地过程中，腿必须一瞬间的伸直（膝关节不得弯曲）。特别是支撑腿在垂直部位时必须伸直。

2. 裁判

在指派的竞走裁判员中选一名裁判长。全部裁判员必须具有独立工作能力。

3. 警告

在比赛过程中，任何裁判员认为运动员的竞走动作不符合竞走的规定，必须予以警告。但同一裁判员对同一运动员的同样犯规动作，不得给予第二次警告。对一名运动员警告后，该裁判员必须立即报告裁判长。

4. 取消比赛资格

（1）在比赛中，如有 3 名裁判员认为某运动员的竞走动作不符合规定，

应取消其比赛资格，并由裁判长通知运动员。

（2）一名运动员在被取消比赛资格之前，通常已有一次警告。

（3）不论是全国或省市级的比赛，在任何情况下，同一单位的两名裁判员不得同时取消一名运动员的比赛资格。

（4）在比赛过程中，因故未能及时通知运动员而取消比赛资格时，可在比赛结束后，立即补发通知。

（5）警告，必须向运动员示以两面有同样标志的白牌，取消运动员比赛资格示以红牌。红牌只准裁判长使用。

（6）在田径场内比赛，被取消比赛资格的运动员，必须立即离开跑道。在公路上比赛，被取消比赛资格的运动员，必须立即取下佩带的号码，并离开赛程。

5. 竞走路线及环境

（1）20、30、50公里竞走项目比赛的路线，最好是环形的，每圈不超过2500米。如50公里竞走的起终点设在田径场内，则往返路线不得超过5000米。

20、30公里竞走的起终点也可设在田径场内。

（2）公路竞走比赛的组织者，必须注意保证运动员的安全，最好在比赛的路线上尽量停止往返机动车辆的通行。

（3）公路竞走比赛，应保证在白天能结束。

竞走技术的基本要求

1. 步幅自然、宽大、频率快、身体重心轨迹波动小，移动速度快，实效性高。

2. 动作自然、协调、节奏感强、轻松省力、经济性好。

普通走步的速度，每小时5公里左右，而竞走的速度则快得多，即使用中等速度走，也要比普通走快一倍以上。竞走规则要求，支撑腿必须伸直，从单脚支撑过渡到双脚支撑，在摆动腿的脚跟接触地面前，后蹬腿的脚尖不得离开地面，这样就能保证用双脚支撑，不会出现腾空现象，这是走和跑的根本区别。

竞走的速度取决于步频和步长。普通走每分钟约为100～120步，而竞走可达 180~200 步，优秀的竞走运动员每分钟超过 200 步。普通走的步长一般是 70~80 厘米，竞走的步长可达 90~110 厘米，身材高大的运动员的一步是 120 厘米左右。

普通走，每步一般需要 0.50~0.55 秒，而竞走每步只需要 0.27~0.32 秒，甚至还要少一些。因此，这就加大了肌肉紧张和放松交替工作的困难程度，需要在训练中很好地解决。

步长和步频是相互制约的。加大步长相对地会影响步频，加快步频也会影响步长。一般应保证一定步长的前提下提高步频。过分加大步长，会给有关肌肉加重负担和增加紧张程度，过多消耗体力，容易引起疲劳，而且也不利于步频的加快。加快步频是依靠腿部肌肉的力量和中枢神经系统的作用，其潜在力是比较大的。

竞走的单脚支撑和双脚支撑是不一样的，单脚支撑要比双脚支撑时间长得多。要想加快竞走速度，必须缩短单脚支撑和双脚支撑的时间，但缩短双脚支撑时间是主要的，而缩短单脚支撑时间其效果是不明显的。

竞走运动的好处

20 世纪 70 年代风靡世界的跑步运动，对呼吸系统和心血管系统的锻炼很有益处。现在不少国家的动向又趋于竞走。因跑步时连续不断的震动，对肾、骨盆及脊柱都有影响。而竞走只不过如加快步伐的走路，有力地摆动双臂就行了，所以最简便易行，又不易发生意外，称为"不受伤的运动"，也是"目前较为盛行的健身运动"。

在竞走中，腿的前、后肌肉群都会得到充分锻炼和加强，全身肌肉几乎都要进行活动，比长跑消耗的热量还要多，是理想的减肥运动。

竞走中因要有力地摆动双臂，使腹部、背部、胸部的肌肉得到锻炼，这项运动对中老年和体弱的人来说是较适宜的。相对于其他运动项目来说，竞走是身体较能适应的项目，因为它可以从慢速开始，逐渐加速加量。

当你每天早晨摆动着双臂呼吸着新鲜空气，在协调的步伐中，你可想象进入风景幽美的环境；可想象如有微微的细雨飘在你的身上；可想象乐曲在轻快地演奏；可想象一切都在合拍地震动，将别有意境其乐无穷。

 知识点

中枢神经系统

中枢神经系统是神经系统的主要部分。其位置常在人体的中轴，由明显的脑神经节、神经索或脑和脊髓以及它们之间的连接成分组成。在中枢神经系统内大量神经细胞聚集在一起，有机地构成网络或回路。中枢神经系统是接受全身各处的传入信息，经它整合加工后成为协调的运动性传出，或者储存在中枢神经系统内成为学习、记忆的神经基础。人类的思维活动也是中枢神经系统的功能。

 延伸阅读

我国运动员在世界竞走大赛所取得的优异成绩

1984 年，我国选手徐永久以 21 分 41 秒的成绩创造了女子 5 公里竞走世界最好成绩。同年在挪威国际竞走邀请赛中，我国另一名选手阎红创造了 21 分 40 秒 3 的新纪录。1986 年，在全国秋季竞走比赛中，我国选手关平以 21 分 10 秒 55 的成绩创这一项目世界最好成绩。

1986 年，在燕舞杯北京国际田径邀请赛上，我国选手李素杰以 21 分 34 秒 37 的成绩打破 5000 米竞走世界纪录。

1983 年我国选手徐永久创造了女子 10 公里竞走世界最好成绩。同年，我国另一名选手阎红在丹麦国际竞走公开赛上创造了 45 分 39 秒 5 的新纪录。1984 年，我国选手关平在全国春季马拉松竞走比赛中，以 44 分 28 秒的成绩创女子 10 公里竞走世界最好成绩。1987 年徐永久又以 44 分 26 秒 5 的成绩将这一成绩改写。

女子 20 公里竞走的世界最好成绩曾由我国选手刘红宇保持，成绩为 1 小时 27 分 30 秒。

1992 年在第 25 届奥运会上陈跃玲以 44 分 32 秒的成绩勇摘女子 10 公里竞走金牌，成为中国田径只上第一位夺得奥运会金牌的运动员。

2000 年在第 27 届奥运会上王丽萍在女子 20 公里竞走的比赛中，为中国队夺得了一块宝贵的田径金牌。

2010 年 5 月在墨西哥世界杯赛上，中国竞走队取得了历史性的突破，共获得 4 金 4 银 1 铜，创下了中国竞走 15 年来的最好成绩。

跳 高

跳高起源于古代人类在生活和劳动中越过垂直障碍的活动。现代跳高始于欧洲。18 世纪末苏格兰已有跳高比赛，19 世纪 60 年代开始流行于欧美国家。1827 年 9 月 26 日在英国圣罗兰·博德尔俱乐部举行的首届职业田径比赛中，威尔逊屈膝团身跳越 1.575 米，这是第一个有记载的世界跳高成绩。

跳高横杆可用玻璃纤维、金属或其他适宜材料制成，长 3.98～4.02 米，最大重量 2 千克。比赛时，运动员必须用单脚起跳，可以在规定的任一起跳高度上试跳，但每一高度只有 3 次试跳机会。男、女跳高分别于 1896 年、1928 年被列为奥运会比赛项目。

跳高是田径运动跳跃项目之一，又称急行跳高。由有节奏的助跑、单脚起跳、腾空过杆与落地等动作组成，以其最后成功地越过横杆上缘的高度计算成绩并以此判定名次。

跳 高

第 1 种正式载入田径史册的跳高姿势是跨越式，它出现在 1864 年牛津大学和剑桥大学的田径对抗赛上。当年，英国运动员罗伯特·柯奇以"跨越式"创造了 1.70 米的第 1 个跳高世界纪录。

1895 年，美国人斯维尼改进了跨越式，其特点是运动员在过杆时，身体急速侧向转体，两腿交叉如剪刀，这就是"剪式"，这种技术在当时创造了 1.97 米的新纪录。

1912 年，美国运动员霍林在美国斯坦福大学田径赛上采用左侧斜向助跑，过杆时以身体左侧滚过横杆的技术赢得冠军，霍林把这种技术命名为"滚式"，也正是这种技术使人类首次越过了 2 米的高度。

1923 年，前苏联运动员伏洛佐夫又创造出"俯卧式"跳高技术，这种新型技术动作很快就被田径选手们所接受。

在 1968 年第 19 届奥运会上，39 名跳高运动员中有 38 人采用这种技术，使"俯卧式"技术的应用达到了巅峰。然而也是在这届奥运会上，一种新的过杆动作开始崭露头角。

在 19 届奥运会上，美国 21 岁的福斯贝里过杆动作与众不同，他越过横杆时，不是面朝下，而是面朝上、背朝下地"飞"过横杆，这个动作被命名为"背越式"过杆技术。

在这一届奥运会上，福斯贝里以 2.24 米的成绩创造了新的奥运会纪录，"背越式"跳高也随之风靡全球。此后十余年间，俯卧式跳高和背越式跳高究竟哪个技术更先进，田径界一直没有定论。直至第 22 届莫斯科奥运会上，前联邦德国运动员韦希格以背越式跳高技术一举征服 2.36 米的高度，战胜了所有采用俯卧式跳高的运动员后，背越式跳高才逐渐开始占据跳高技术的统治地位，俯卧式跳高技术也从此逐渐被冷落。

由于技术类型不同，运动员在完成助跑、起跳、过杆、落地的各动作方法上各有差异。助跑使人体产生向前的速度，增加起跳时的支撑反作用力和加快起跳动作。

背越式跳高采用的是弧线助跑，距离长，速度快，动作自然。其他姿势一般都采用直线助跑，距离短，速度较慢，身体重心低。起跳是人体在助跑后，迅速转变运动方向向上腾起，为过杆做好准备。

背越式、跨越式、剪式跳高起跳时，起跳腿是在远离横杆一侧起跳。俯卧式和滚式跳高时，起跳腿是在近于横杆一侧起跳。背越式为曲腿摆动，其他姿势一般为直腿摆动。背越式过杆时，身体由侧对横杆转向背对横杆，然后以手臂、头、肩顺序过杆；髋部在杆上充分伸展成背卧和反弓姿势。身体过杆后，收腹举腿，用背部落在海绵包上。俯卧式过杆时，摆动腿先摆过杆，身体在杆上沿纵轴翻转成俯卧姿势，随即转头潜肩，起跳腿后伸外翻，最后落地。

过杆动作分为"平翻式"和"潜入式"两种。背越式、俯卧式姿势因过杆时人体重心离杆较低，能充分利用腾空高度，是较优越的过杆方式。而背越式又较俯卧式易于掌握。

跳高竞赛场地

（1）跳高的助跑长度不限。提供的助跑道最短为 15 米。条件许可，不短于 25 米。注：规模较大的正式比赛，助跑道至少不短于 20 米。

（2）起跳区应平坦、坚实，若加塑胶垫道时，垫道应与地面齐平。助跑道和起跳区向横杆中心的倾斜度，不得超过 1/250。

（3）落地区（沙坑或海绵包）至少长 5 米，宽 3 米。

跳高竞赛器械

（1）横杆。横杆用木料、金属或其他适宜材料制作均可，截面呈圆形，横杆长为 3.98 ~ 4.02 米，最大重量不得超过 2 千克。横杆的直径至少为 2.5 厘米，但不超过 3 厘米。两端必须有一段长 15 ~ 20 厘米、宽 2.5 ~ 3 厘米的平面，以便安放。横杆两端的平面必须光滑，不得包扎橡胶或其他能增加摩擦力的材料。

（2）立柱。制作立柱的材料不限，但须坚固，并按规定标准制作。任何形式或种类的立柱均可使用，但立柱上应有可调整高低的牢固的横杆托。

（3）跳高架。跳高架立柱的高度，至少应超过横杆提升的最大高度 10 厘米，两立柱之间的距离为 4.00 ~ 4.04 米。

（4）横杆托。跳高架立柱的横杆托应为长方形的平面，长 6 厘米、宽 4 厘米，须与立柱离开 1 厘米。横杆托不得包扎橡胶或其他能增加摩擦力的材料，亦不得使用任何种类的弹簧。

跳高竞赛规则

（1）运动员的试跳顺序，由大会抽签排定。

（2）比赛开始前，裁判员应向运动员宣告起跳高度及每轮升高的计划。此计划直至比赛中只剩下一名运动员或出现成绩相等为止。

在只剩一名运动员或出现成绩相等之前，每轮之间横杆的升高不得少于2厘米。在全能跳高比赛中，横杆升高应自始至终为3厘米。

比赛开始后，运动员不得使用助跑道或起跳区进行练习。

（3）运动员必须用单脚起跳。

（4）如有下列情况之一者，则判为试跳失败。

①试跳中碰掉横杆者。②在越过横杆之前，身体任何部分触及立柱之间、横杆延长线垂直面以外的地面或落地区者。

（5）比赛时，运动员可以在规定的起跳高度以上的任一高度开始起跳，也可在以后的任一高度上决定是否"免跳"。在任何高度上，凡连续失败3次，即失去继续比赛的资格。

在一个高度上，第1次或第2次试跳失败后，均可请求"免跳"，但在下一高度上试跳的次数，只能是在前一个高度上试跳失败后所剩余的未跳次数。

在某一高度上已经请求"免跳"，则不准在该高度上恢复试跳。

第1名成绩相等决名次时不能免跳。

（6）每名运动员应以其最好的一次试跳成绩，包括第1名成绩相等决名次的试跳成绩，作为其最后的决定成绩。

（7）每次升高横杆后，均应丈量高度，创造新成绩时，应在过杆后核实高度。

丈量高度时，须使木尺与地面垂直，从地面与横杆上沿的最低处计算高度。以1厘米为最小丈量单位，不足1厘米者不计。

（8）放置横杆时，裁判员应每次做到：①横杆两端各离立柱至少有1厘米的空隙。②横杆的各个面应始终朝着各自原定的方位。

（9）其他运动员在最后的高度上均已失败，只剩下一名运动员时，横杆提升的高度，必须征求该运动员的意见之后确定，直到该运动员在最后高度上失败或弃权时为止。

（10）比赛进行中，不得移动跳高架。如裁判员认为起跳区或落地区已不适于比赛，可等候全体运动员都试跳完毕该轮次后再移动。

知识点

TIYU ZHISHI BOLAN

玻璃纤维

玻璃纤维是一种性能优异的无机非金属材料，种类繁多，优点是绝缘性好，耐热性强，抗腐蚀性好，机械强度高，但缺点是性脆，耐磨性较差。它是以玻璃球或废旧玻璃为原料经高温熔制、拉丝、络纱、织布等工艺制造成的，其单丝的直径为几个微米到二十几米个微米，每束纤维原丝都由数百根甚至上千根单丝组成。玻璃纤维通常用作复合材料中的增强材料，电绝缘材料和绝热保温材料，电路基板等国民经济各个领域。

延伸阅读

背越式跳高的助跑技术

背越式跳高助跑的主要特点是弧线助跑，助跑线一般为"L"形。其优点是：

助跑的预备段是一条直线或曲率很小的线曲，因此全程便于加速和发挥速度。

向弧线过渡时比较平缓自然，可以避免停顿或减速。

弧线曲率由大变小，使身体逐步加大内倾。

最后一步与横杆约成20°～30°角，以保证人体在腾空后，有一个适宜的相对于横杆的垂直位移距离。

助跑的任务是获得必要的水平速度，并为提高起跳效果和顺利地越过横杆创造条件。背越式跳高一般采用8～12步助跑，分直线助跑段与弧线助跑段。

直线助跑技术：近似于短路途中跑技术，跑进时身体重心高而平稳，上体适当前倾，后蹬充分有力，前摆积极抬腿，两臂协调配合大幅度摆动；

弧线助跑技术：身体逐步内倾，加大外侧腿臂的摆动幅度，保持头、躯干成一直线向内倾。助跑的整个过程应有明显的加速性和较强的节奏感，尤其是最后几步逐渐加快，到最后一步最快。

撑杆跳高

撑杆跳高是田径运动技术最复杂的项目之一。运动员持杆助跑起跳后，借助撑杆的支撑，在撑杆上连续完成十多个复杂的动作，然后越过横杆。练习撑杆跳高是增强体质的有效手段之一，它对提高速度，弹跳力，灵巧和协调性等素质，对培养勇敢顽强、机敏果断等意志品质，都有积极的意义。撑杆跳高运动，深受体育爱好者的喜爱，每次比赛，往往吸引着成千上万的观众。

现代的撑杆跳高运动是由原始的撑杆跳跃演变而来的。在古代，人们为了适应生活和生产的需要，在交通设备极不完善的条件下，就曾用木棍撑过河沟和不高的障碍，后来在军队中用撑杆跳过战壕、矮墙等办法作为训练士兵战斗技能的手段。

在 18 世纪中叶，德国学校体育教材中出现了撑杆跳高的内容，到了 19 世纪，欧洲有些国家开始了撑杆跳高的比赛。直到 1817 年才有了第一个撑杆跳高纪录（2.92 米）。当时是用前端装有尖头的木杆做撑杆进行练习和比赛的，运动员助跑后把杆头插在地上起跳，沿着撑杆向上爬，当撑杆将要倾倒时，迅速越过横杆，落在铺有沙子的地面上。在 1889 年规则规定：不许运动员在起跳离地后双手交换上爬。1906 年时，有人在助跑起跳离地后，采用摆体的技术，跳过了 3.78 米的高度、创造了撑木杆跳的最高纪录。

撑杆跳高

由于木杆质硬、量重、弹性差，影响成绩的提高，1909

年开始采用了竹竿。在 1924 年第八届奥林匹克运动会上采用了木制的插斗和沙坑。1942 年有人跳过了 4.77 米的高度，创造了用竹竿跳的最高纪录。

竹竿虽然重量较轻，有一定的弹性，但是握竿点到了 4 米以上时容易折断，因此 1930 年开始有人试用了金属撑杆。1952 年以后，铝合金撑杆被各国运动员广泛采用。1961 年时，有人用金属撑杆跳过了 4.83 米的高度。

金属撑杆虽然坚固，不易折断，但是性能硬，弹性差，不易提高握杆点，从而影响成绩的继续提高。早在 1948 年就有少数运动员开始试用化学纤维制成的尼龙撑杆，到 1962 年国际田联承认用尼龙撑杆创造的成绩以后，这种器材就被世界各国撑杆跳高运动员广泛采用。随着撑杆跳高技术的发展和成绩的不断提高，也促进了其他器材设备的改革。1960 年用海绵坑代替了沙坑，改进了插斗壁的角度和撑杆跳高架子，世界纪录一破再破，到 1976 年，有人用尼龙撑杆创造了 5.70 米的世界纪录。1980 年法国人把纪录提高到 5.78 米。现在男子撑杆跳高的世界纪录（6.14 米）是由前苏联运动员布勃卡保持的。

与女子三级跳远一样，女子撑杆跳高也是近几年才开展的运动，我国女运动员在这个项目上有着较强的竞争能力，并曾经创造过世界纪录。

撑杆跳高竞赛场地

（1）撑杆跳高用的海绵包或沙坑，至少长 5 米，宽 5 米。

（2）助跑道宽至少 1.22 米，长至少 40 米，条件许可时不短于 45 米，左右倾斜度不得超过 1/100，向跑进方向的倾斜度不得超过 1/1 000。

（3）撑杆跳高的落地区，至少长 5 米，宽 5 米。

撑杆跳高竞赛器械

（1）横杆用木料、金属或其他适宜材料制作均可，截面呈圆形。横杆长为 4.48~4.52 米，重量不得超过 2.25 千克。直径为 2.5~3 厘米，两端必须有一段长 15~20 厘米，宽 2.5~3 厘米的平面，以便安放。横杆两端的平面必须光滑，不得包扎橡胶或其他增加摩擦力的材料。

（2）制作立柱的材料不限，但须坚固。立柱底座板上应有前 80 厘米、后 4 厘米的刻度。

（3）撑杆插斗用木料、金属或其他坚实材料制作均可，底部斜面长 1

米，后端宽 60 厘米，前端宽 15 厘米，最深处为 20 厘米，前壁与底面成 105°，左右壁与底面成 120°。木质插斗的底面，应从后端开始在 80 厘米一段距离内，铺一层 0.25 厘米厚的铁皮。撑杆跳高的插斗埋入地下，上口应与地面齐平。

（4）撑杆跳高架两立柱或延伸臂之间的距离应不少于 4.30 米，不超过 4.37 米。

（5）撑杆跳高架立柱的横杆托为圆形，不得有任何刻痕或缺口，粗细均匀，直径不得超过 1.3 厘米，长 7.5 厘米，平伸在立柱外（落地区一面），并与横杆成直角。横杆托上不得包扎橡胶或其他增加摩擦力的材料。

撑杆跳高竞赛规则

（1）运动员的试跳顺序，由大会抽签排定。

（2）比赛开始前，裁判员应向运动员宣告起跳高度及每轮升高计划。此计划直至比赛中只剩下一名运动员或出现成绩相等为止。

每轮试跳完毕后，横杆提升的高度不得少于 5 厘米，直到只剩下一名运动员或出现成绩相等为止。在全能撑杆跳高比赛中，横杆提升高度应自始至终为 10 厘米。

（3）比赛时，运动员可以在规定的起跳高度以上的任何一个高度开始起跳，也可在以后的任何一个高度上决定是否"免跳"。在任何高度上。凡连续失败 3 次，即失去继续比赛的资格。

（4）在一个高度上，第 1 次或第 2 次试跳失败后，均可请求"免跳"，但在下一高度上试跳的次数，只能是在前一个高度上试跳失败后所剩余的未跳次数。

在某一高度上已经请求"免跳"，则不准在该高度上恢复试跳。

第 1 名成绩相等决名次时不能免跳。

（5）每名运动员应以其最好的一次试跳成绩（包括第 1 名成绩相等决名次的试跳成绩）作为其最后的决定成绩。

（6）每次横杆升高后，均应丈量高度。创造纪录时，应再次丈量。

（7）其他运动员在最后的高度上均已失败，只剩下一名运动员时，横杆提升的高度，必须在征求该运动员的意见之后确定，直到该运动员在最后高度上失败或弃权时为止。

（8）比赛时，运动员双手或撑杆上可使用利于抓握的镁粉之类的物质。此外，前臂允许使用防伤护具。除敷盖伤口外，两手及手指不得贴用胶布。

（9）如有下列情况之一者，均判为试跳失败：

①试跳中碰落横杆；②在越过横杆之前，运动员的身体及撑杆的任何部分触及插斗前壁上沿垂直平面以外的地面，包括落地区者；③起跳离地后，将原来握在下方的手移握到上方的手以上，或原来握在上方的手更向上移握。

（10）试跳时撑杆损坏或折断，不作试跳失败论。

（11）起跳后，在越过横杆的阶段，撑杆由垂直部位倒下，必须在不能击落横杆或触及撑杆跳高架的可能时，裁判员方可接护。

（12）撑杆不论倒向何方，即使触及撑杆跳高架，但没有震落横杆，都应判为试跳成功。

（13）撑杆可用任何一种材料制成。长度和周长都不限制，但其表面必须光滑。撑杆上可缠厚度均匀的胶布，但不得超过两层。杆子下端可缠上多层胶布，长 30 厘米左右，以免插杆时损坏撑杆。

运动员可使用自备撑杆，如他人借用，必须经本人同意。

（14）撑杆跳高的助跑道宽最少 1.22 米，长最少应为 40 米，可能时不短于 45 米。

（15）助跑道的左右倾斜度的最大公差不得超过 1/100，跑进方向总的倾斜度不得超过 1/1 000。

（16）起跳时，撑杆必须插在插斗内。

撑杆跳高技术

撑杆跳高的完整技术是由持杆助跑、准备起跳和起跳、悬垂摆体和后仰举腿、引体转体和腾越过杆、落地等一系列密切联系的复杂动作组成的。

撑杆跳技术大致分为持杆助跑、插杆与起跳、压杆与悬垂、引体、转体与过杆、着地动作等部分。

握杆：左手在前、右手在后（以惯用右手者为例），两手间隔比肩膀稍宽。

握杆高度：从右手握杆位置到杆子前端的距离称握杆高度，通常以运动

员身高、杆子材质、助跑速度、跳跃能力来决定。一流撑杆跳选手越过横杆的高度可比握杆位置高 1 米左右。

持杆：持杆方式有两种，一种是体侧持杆，一种是体前持杆，但现今大多数选手采用体侧持杆。

持杆助跑：

（1）助跑距离：助跑距离通常与选手的速度有关，一般而言大约为 32～45 米，可跑 18～24 步。成绩在 5 米以上的选手，助跑距离在 45 米左右。

（2）助跑标志：为了正确起跳，通常会设置 2～3 个助跑标志。第 1 个标志是起动记号，第 2、第 3 个标志作为检查步点准确性之用，通常设于距离起跳点 6～8 步和再向后约 6 步的位置。

（3）助跑的技术：撑杆跳的助跑可分为起动和加速阶段、中途跑阶段、保持速度准备插杆起跳阶段。

①起动和加速阶段：尽快发挥速度，力求保持步长、撑杆的稳定，此时撑杆可以举高一些，比较省力，主要由右手承担杆子重量，左手掌握撑杆的稳定性。第 1 阶段大约跑 4～6 步后进入中途跑阶段。

②中途跑阶段：撑杆逐渐降低，左手握杆加大负担，把握撑杆和身体平衡尤为重要，技术特点是高抬大腿、积极下压着地。第 2 阶段约跑 8～10 步后进入保持速度准备插杆起跳阶段。

③保持速度准备插杆起跳阶段：主要是保持助跑速度，控制身体动作，准备插杆起跳。技术中最关键的环节是平稳地降低撑杆，保持身体直立和高重心。

插杆与起跳

插杆与起跳时机：插杆与起跳的动作几乎是同时进行的，但从运动员的感觉来说，正确的动作应该是起跳后插杆而非插杆后起跳，并且杆头必须在起跳动作结束前插入穴中。

起跳点：最适宜的起跳点应该是在握杆手（上位手）垂直投影线后方 10～35 厘米处。以运动员主观的感觉来说，应认为握杆上位手的垂直下方。

插杆与起跳动作：左手左臂向前推送撑杆，右臂和右肩后撤，右臂迅速反腕向上举杆，左手向前推杆，两手配合将撑杆向上、向前举起。当起跳脚踏上起跳点时，右臂已充分向上举直，左臂弯曲地顶住撑杆，两手把撑杆牢牢地固定在穴位中，同时肩、胸、髋主动向前上逼近撑杆，起跳脚积极蹬伸，摆动腿屈膝上摆，整个身体悬垂于撑杆下完成动作。

引体、转体与过杆

引体与转体：利用杆子反弹的力量，沿着杆子拉直双臂，将倒立的身体上抬，同时从脚尖开始向右扭转。

推杆与过杆：在杆子反弹结束直立的同时，用右手推杆，身体成倒"V"或倒"U"字形过杆。

着地动作

一般由背部着地，如垂直落地极易扭伤脚踝。

尼 龙

尼龙是美国杰出的科学家卡罗瑟斯及其领导下的一个科研小组研制出来的，是世界上出现的第一种合成纤维。尼龙的出现使纺织品的面貌焕然一新，它的合成是合成纤维工业的重大突破，同时也是高分子化学的一个重要里程碑。

撑杆女王：伊辛巴耶娃

俄罗斯体育名将伊莲娜·伊辛巴耶娃5岁就开始练体操，15岁时改练撑杆跳。她是现今世界上最优秀的女子撑杆跳选手。1998年她16岁时就获得莫斯科世锦赛冠军，2000年智利世锦赛冠军。2002年以4米55获得欧锦赛亚军，2003年室内世锦赛亚军，2003年7月13日在英国的盖茨黑德举行的国际田联大奖赛上以4米82打破室外撑杆跳世界纪录。在2004年2月，她在乌克兰举行的第 15 届撑杆跳明星邀请赛又创造了 4 米 83 的室内撑杆跳世界纪录，尽管这一纪录一周后就被费奥法诺娃以 4 米 85 的成绩刷新，但在 3 月 6 日布达佩斯举行的世界室内田径锦标赛上，伊辛巴耶娃再次以 4 米 86 的成绩，成为了该项目世界纪录的保持者。此外，她还保持着 4 米 47 的青少年室外世界纪录，她是目前独一无二的女子撑杆挑项目中三项世界纪录的保持者。

2004 年雅典奥运会上以 4 米 91 的成绩再次刷新女子撑杆跳世界纪录，将金牌收入囊中。

2005 年 2 月 10 日的乌克兰顿涅茨克，伊娃跳过了 4 米 87；6 天后的英国伯明翰，她跳到了 4 米 88；2 月 26 日，法国列文国际室内赛，她跳过了 4 米 89。3 月在西班牙马德里欧洲室内田径赛上她创下的 4 米 90 新世界纪录夺冠。

2005 年 7 月 22 日，在伦敦举行的国际田联超级大奖赛中，跳过高达 5 米的横杆，从而成为历史上第一个飞越 5 米大关的女子撑杆跳高运动员，这已经是她第 17 次刷新世界纪录。2005 年 8 月 13 日世界田径锦标赛上伊辛巴耶娃以 5 米 01 的成绩打破世界纪录并获得该项目的冠军。

2006 年第 11 届世界室内田径锦标赛上跳出了 4.91 的世界最好成绩。

2008 年 7 月 12 日，在世界田联黄金联赛罗马站，她以 5.03 米刷新世界室外女子撑杆跳纪录。2008 年 7 月 30 日，在世界田联黄金联赛摩纳哥站，伊辛巴耶娃以 5.04 米第 23 次刷新世界纪录。2008 年 8 月 18 日晚，她以 5 米 05 成功卫冕，并将她半个月前刚刚创造的世界纪录又提高了 1 厘米。2009 年布勒卡纪念赛上，伊辛巴耶娃以 5 米刷新世界室内女子撑杆跳纪录。

2009 年国际田联黄金联赛苏黎世站的比赛中，伊辛巴耶娃以 5.06 米的成绩打破由自己保持的女子撑杆跳世界纪录，这是她职业生涯中第 27 次打破世界纪录，也是她第 15 次打破室外赛世界纪录。

2012 年 2 月 23 日，在斯德哥尔摩室内田径赛女子撑杆跳比赛中，伊辛巴耶娃以 5.01 米的成绩再次打破由自己保持的室内女子撑杆跳世界纪录，从而她第 28 次打破世界纪录，同时也是她第 13 次打破室内赛世界纪录。

至今，伊辛巴耶娃共破纪录达 28 次。

跳 远

跳远，过去叫急行跳远，它是古代的奥林匹克竞赛及古希腊五项运动里都有的一个项目，是现在学校体育教学和田径比赛的主要项目之一。练习跳远能发展人的速度、弹跳力和灵巧性，并能增强心脏等内脏器官的功能，增进身体的健康。跳远的场地设备比较简单，学习跳远又比较容易，因此青少年们比较喜欢这项运动。

跳远起源于人类猎取或逃避野兽时跨越河沟等活动，后成为军事训练的手段，是公元前708年古代奥运会五项全能项目之一。

现代跳远运动始于英国，1827年9月26日在英国圣罗兰·博德尔俱乐部举行的第一次职业田径比赛中，威尔逊越过5.41米的远度，这是第一个有记载的世界跳远成绩。

跳远的腾空动作有蹲踞式、挺身式和走步式。最初运动员是在地面起跳，1886年开始采用起跳板。起跳板白色，埋入地下，与地面齐平，长1.22米，宽20厘米，距沙坑近端不少于1米。

起跳板前有起跳线，起跳线前有用于判断运动员起跳是否犯规的橡皮泥显示板或沙台。运动员必须在起跳线后起跳。比赛时，如运动员不足8人，每人可试跳6次，超过8人，则先试跳3次，8名成绩最好的运动员再试跳3次。以运动员6次试跳的最好成绩排列名次。男、女跳远分别于1896年和1948年被列为奥运会比赛项目。

跳远方法的演变和技术的发展有比较长的历史，但在近代的田径比赛中，有记载的第一个男子跳远世界纪录是在1964年创造的，成绩是5.48米。半个多世纪以后，到了1931年，日本运动员于1935年用蹲踞式的姿势跳出了8.13米的成绩，他的快速助跑给人们留下了深刻的印象。目前的世界纪录是美国运动员鲍威尔用走步式创造的8.95米。

女子跳远在1948年第十四届奥运会上才被列为正式比赛项目。现在的女子跳远世界纪录是前苏联运动员于1988创造的7.52米。

新中国成立前我国的跳远活动水平很低，男子纪录是6.91米，女子纪录是 5.06 米。新中国成立后，跳远的技术水平和运动成绩不断提高，目前女子全国纪录是 7.03 米，男子全国纪录是 8.40 米。

跳远竞赛的场地

跳远沙坑至少宽 2.75 米，沙坑远端至起跳线距离至少 10 米，一般沙坑长 6～9 米，坑宽 2.75～4.00 米，坑内沙面与起跳板表面在一个水平面上。

跳远的沙坑一般设在田径场跑道内突沿以内的扇形区，或跑道外突沿外侧。

跳远的助跑至少 40 米长。犯规线是 20 厘米宽的起跳板的远端线，跳远运动员落到长方形的柔软、潮湿的沙坑里。在跳远比赛中，沙坑离起跳板有 1～3 米远。起跳板远端有一道黏土制作的犯规线以辨别运动员是否在起跳时犯规。

跳远竞赛规则

（1）运动员的试跳顺序，由大会抽签排定。

（2）参加比赛的运动员超过 8 名时，每人可先试跳 3 次，成绩最好的前 8 名运动员再试跳 3 次。倘第 8 名成绩相等，则成绩相等的运动员，均可再试跳 3 次。如果只有 8 名或不足 8 名运动员参加比赛，则每人可试跳 6 次。

（3）每名运动员应以最好的一次试跳成绩，作为最后的决定成绩。

（4）丈量成绩时，须从运动员身体任何部分着地的最近点（距起跳板）至起跳线或起跳线的延长线成直角丈量。丈量的最小单位为 1 厘米，不足 1 厘米者不计。

（5）如有下列情况之一者，则判作试跳失败：

①助跑中或起跳时，身体任何部分触及起跳线前面的地面，或在橡皮泥显示板（沙台）上留有痕迹；②由起跳线或起跳线两端延长线踏过或跑过，或在延长线后面起跳；③在落地过程中触及沙坑以外的地面，而沙坑外的触及点比沙坑内的落地点离起跳线近；④完成试跳后向后走出沙坑；⑤采用任何空翻姿势。

跳远的动作技术要领

从跳远技术的发展来看，有一个由简单到复杂的过程。最初是简单的蹲踞式，以后有了挺身式，又有了走步式。今天的跳远技术，正向着快速的助跑、迅速而有力的起跳和较高的跳跃高度方向发展，运动员必须具备全面和良好的身体素质，熟练而准确地掌握先进的技术。

跳远的完整技术是由助跑、起跳、腾空和落地4个部分组成的。成绩的好坏主要是助跑速度和起跳技术决定的，当然平稳的空中姿势和合理的落地动作，也起着一定的作用。总之，各个部分的技术都是跳远中不可分割的整体。

预摆：两脚左右开立，与肩同宽，两臂前后摆动，前摆时，两腿伸直，后摆时，屈膝降低重心，上体稍前倾，手尽量往后摆。要点：上下肢动作协调配合，摆动时一伸二屈降重心，上体稍前倾。

起跳腾空：两脚快速用力蹬地，同时两臂稍曲由后往前上方摆动，向前上方跳起腾空，并充分展体。要点：蹬地快速有力，腿蹬和手摆要协调，空中展体要充分，强调离地前的前脚掌瞬间蹬地动作。

落地缓冲：收腹举腿，小腿往前伸，同时双臂用力往后摆动，并屈膝落地缓冲。要点：小腿前伸的时机把握好，曲腿前伸臂后摆，落地后往前不往后。

弹跳力

弹跳力：指篮球、跳水运动员在跳板、跳台起跳时两腿做蹬伸动作与躯干和两臂配合所爆发的一种力量。它使运动员向上运动。弹跳力量通过运动员的髋、膝、踝关节屈伸动作，以及腰背、腿肌群和两臂的协同用力，给予跳板或跳台以作用力，使跳板（台）产生一个与作用力相等、方向相反的反作用力传递给运动员，使运动员获得向上的加速度，而跳起腾空。

延伸阅读

跳远的技巧

跳远是一个跳越远度的田赛项目。它是由快速的助跑，有力的踏跳，平稳的空中动作和有效的落地方法所组成的完整技术，要注意掌握各个动作的要领才能够发挥自己跳远的潜能。

（1）助跑。最大的水平速度助跑是为了获得强有力的踏跳基础。一般是16～22步，最后几步的后蹬力要强有力，步频更要快。

（2）踏跳。是跳远的关键。要求助跑的最后一步用摆动腿支撑时，上体要保持正直，踏跳腿屈膝并用大腿带动向前摆。在摆动腿刚离地面时，踏跳腿努力下压大腿，以全脚掌着板。当身体重心移至踏跳腿支撑点上方的一刹那，就要全力伸踏跳腿，使其踝、膝、髋关节充分向前伸展，摆动腿、双肩带动两臂协调配合作向前上方摆动。

（3）腾空。踏跳蹬离地面后，仍保持踏跳动作，使能在空中成腾空步并得到身体在空中的平衡，是完善落地的基础。有3种方式：

①蹲踞式：在腾空步至最高点时，踏跳腿迅速提起与摆动腿靠拢，双臂下摆，上体前倾向前飞进。借收大腿使之靠近胸部的惯性，把小腿向前伸出。

②挺身式：在腾空步后，踏跳腿在体后自然放松，摆动腿下落，双臂向侧下摆动，同时挺身。然后用力收腹，上体前倾，双腿迅速充分前伸，双臂由侧后经上方向前回环。

③跨步式：在腾空步后，下落摆动腿时，踏跳腿屈膝向前上方摆起。身体重心移到最高点，在空中换步，形成另一个腾空步。摆动腿屈膝前提与踏跳腿并拢，双臂做协调动作，前伸小腿。

（4）落地。正确的落地能获得好成绩和防止受伤。落地前，两腿要同时向前伸直，上体略前倾。当脚跟触地后马上向前，向下压脚掌，同时向前屈膝缓冲，双臂迅速向前，使身体重心移过支撑点。

铅 球

　　推铅球起源于古代人类用石块猎取禽兽或防御攻击的活动。现代推铅球始于 14 世纪 40 年代欧洲炮兵闲暇期间推掷炮弹的游戏和比赛，后逐渐形成体育运动项目。1975 年，为铸造方便，将 7.257 公斤改为 7.26 公斤，作为男子铅球的标准重量。女子铅球的重量为 4 公斤。至今，在英语中"铅球"一词仍与"炮弹"一词相同。

　　最初，推铅球比赛像举重一样，按体重分级别进行。后来发现有的运动员虽然体重较轻，但由于技术高超，成绩反而超过重量级选手，所以便取消了这个制度。在推铅球的比赛初期，比赛规则比较简单，只规定一条直线作为限制线，可采用原地或任何形式的助跑推。后来又限制在一个方形区域内推球。

　　到了 19 世纪中叶，英国人为了更合理地丈量投掷远度，规定了直径为 7 英尺（合 2.13 米）的投掷圈和 90°的扇形铅球落地有效区。20 世纪 50 年代，美国运动员奥布赖恩发明背向滑步推铅球技术，该技术被称为"铅球史上的一场革命"。近代，对铅球规格、场地设施和比赛规则等有了详尽的规定。

　　1896 年第一届奥运会上，铅球就被列为男子比赛项目。女子铅球是从 1948 年的第 14 届奥运会才正式列入比赛项目的。

铅球比赛

铅球竞赛场地

　　由投掷圈、限制线、抵趾板和落地区组成。投掷圈圈内地面用混凝土、沥青或其他坚硬、不滑的材料铺成。限制线在投掷圈的两侧，长 75 厘米，宽 5 厘米，白色。抵趾板用木材或其他材料制成，漆成白色，安装在落地区两条白线之间的正中位置，固定在地面，其内沿与投掷圈内沿重合。落地区用煤渣、草地或能留下铅球落地痕迹的其他材料铺成，用宽5厘米的两条白色角度线标明，线宽不包括在落地区有效面积内，角度线的内沿延长线通过投掷圈圆心，夹角为40°。落地区地面沿投掷方向的向下倾斜度不得超过1：1000。在两角度线的外侧每隔1米放置距离标志牌。

铅球竞赛器械

（1）铅球为圆球形，外部必须光滑，以纯铁、铜或硬度不低于铜的其他金属制成，也可以用以上金属做壳，中心灌铅或其他金属。铅球的重心必须是在球的正中心。在男子比赛中，铅球直径必须在11～13厘米之间，重7.26公斤；女子则在9.5～12.5厘米之间，重4公斤。

（2）投掷圈用钢铁或其他材料制成，圈的顶端与圈外的地面齐平。圈内地面可用混凝土建筑，或用类似的坚硬土质垫平而且不滑。圈内地面比圈外地面降低2厘米，允许的公差为±0.6厘米。投掷圈须漆成白色。直径为2.135米（公差为±0.5厘米），投掷圈厚0.6厘米，高7.6厘米。

（3）抵趾板用木料制成弧形，应漆成白色，固定在地上，内沿与投掷圈的内沿吻合。抵趾板内沿长12～123厘米，宽11.2～30厘米，高9.8～10.2厘米（此高度是从投掷圈内地面算起）。

铅球竞赛规则

在比赛过程中，运动员如果有下列违反规则的行为，则会被判犯规，成绩无效：

①超出时间限制；②投掷铅球技术不符合规则规定（规则要求铅球必须由单手从肩上掷出）；③在投掷过程中，身体和器械的任何一部分不得触及投掷圈铁圈上沿或圈外的地面和标枪投掷弧、延长线以及线以外地面任何一部分，包括铅球抵趾板的上面，否则即为投掷失败；④只有当器械落地以后，运动员才允许离开投掷圈或助跑道。完成投掷后，铅球运动员必须从投掷圈后半圈的延长线后面退出。⑤在没有犯规的情况下，参赛者可以中止已开始的试掷动作，将器材放下以后暂时离开投掷区，并重新开始，但是必须在规

定的时限内完成投掷；⑥参赛者可以在比赛期间离开比赛区域，但必须由裁判员许可并由裁判员陪伴；⑦比赛过程中，运动员不能在比赛场地使用以下电子设备：摄像机、便携式录放机、收音机、CD 机、报话机、手机、MP3 以及类似的电子设备。

运动员不得使用手套。为了防止脊柱受伤，运动员可在腰部系一条皮带或用其他适当材料制成的带子。为了更好地抓握器械，运动员可以使用镁粉之类的物质，但仅限于两手。

推铅球的方法

推铅球，看似简单。可是，要推得远，却要掌握一定的技巧。推铅球比赛时，必须在直径2.135 米的圆圈内进行。球一定要落在40°扇形区内。运动员开始试掷后，身体不能触到投掷圈上或圆圈外的地面。在球出手后，再从投掷圈的后半部走出。推铅球步骤：

（1）握球。手指自然分开，把铅球放在食指、中指和无名指的指根上，将大拇指和小指扶在球的两侧，把球放在肩上锁骨窝处，贴着颈部。

（2）预备。握好球，背对投掷方向，与握球同侧的脚尖抵住圆圈后沿，重心落在此腿上。另一条腿在后面用脚尖点地，这条腿同侧的上臂上举，上体正直，眼看前下方，准备就绪。

（3）滑步。为使推球用力获得速度。

（4）最后用力。滑步至最后一步是握球手的异侧腿，用力蹬伸，臂和肩向投掷方向牵引，上体抬起，重心也随之移到此腿上，形成支撑点。这时抬头、挺胸、转肩、推臂，全力将球推出。

球一出手，为了防止身体冲出圆圈造成犯规，右脚应迅速迈到前面，左脚向后举起做个交换步。接着上体前倾，头抬起，消除向前的惯性。

知识点

镁　粉

学名叫"碳酸镁"，人们通常称为的"镁粉"是错误的科学叫法。碳

酸镁质量很轻，具有很强的吸湿作用。运动员在比赛时，手掌心常会冒汗，这对体操和举重运动员来说非常不利。因为湿滑的掌心会使摩擦力减小，使得运动员握不住器械，不仅影响动作的质量，严重时还会使运动员从器械上跌落下来，造成失误，甚至受伤。碳酸镁能吸去掌心汗水，同时还会增加掌心与器械之间的摩擦力。这样，运动员就能握紧器械，有利于提高动作的质量。

延伸阅读

原地投掷铅球技巧

速度力量已成为投掷铅球的核心素质。初级、中级水平的运动员腿部力量较差，致动作停顿，破坏了不间断用力节奏，成为运动员发挥速度力量的最大障碍。如果提高动作的协调性、连贯性，就能体现整体效果，大大提高出手速度，实现推铅球的经济性与时效性。总结出大转体推铅球技术，较好地解决了腿部力量较差，最后用力衔接不紧凑的问题，大大提高了运动员的成绩。

具体操作如下：（以右手推铅球为例）

1. 正对投掷方向，高姿站立。右手持、握球。预摆前，上体伸展，左臂自然前伸，作为最后用力的初次肌肉体验。身体先向投掷方向反向转体90°并稍前倾，提高腰部肌群的扭转效果，重心落于左脚。

2. 预摆开始，左脚内侧蹬地，腰部肌群带动上体反向转体270°，形成重心向右脚平移的双支撑的超越器械技术，提高支撑反作用力效果。

3. 预摆结束瞬间，左腿支撑，右腿开始快速蹬伸发力，通过展髋、挺胸、振臂、伸腕、拨指将球弹出。

从生物力学意义上说，它具有以下特点：

1. 预摆前，上体伸展，左臂自然前伸，作为最后用力的初次肌肉体验。

2. 预摆开始时腰部位扭转效果的准确控制，为大幅度转体奠定了基础。

3. 预摆结束瞬间，增加右腿支撑反作用力，使蹬地效果明显。

4. 通过身体扭转和超越器械等方式将预摆时身体获得的动能储备起来，

在最后用力阶段配合双腿、躯干用力和投掷臂的快推动作，作用于铅球，提高出手速度。有利于运动员掌握推铅球过程中不间断的用力节奏，提高运动员推铅球过程中持续加速的能力。

5. 既可单独运用，也可作为背向滑步的过渡技术，提高动作的连贯性。由于提高支撑反作用力效果，加大身体扭转的程度，提高了出手速度。最后用力时，对腿部力量的要求较高。

铁　饼

铁饼起源于公元前 12 世纪至公元前 8 世纪希腊人投掷石片的活动。铁饼最初为盘形石块，后逐渐采用铜、铁等金属制作。现代奥运会史上，曾有过双手掷铁饼的比赛项目（左手＋右手）。掷铁饼技术经历过原地投、侧向原地投、侧向旋转投、背向旋转投几个发展过程。铁饼可用木料或其他适宜材料制作如橡胶，男子铁饼重 2 公斤，直径 22 厘米；女子铁饼重 1.5 公斤，直径 18.1 厘米，中心用水填满。比赛时，运动员应该在直径 2.50 米的圈内将饼掷出，铁饼必须落在 40° 的角度线内方为有效。

2002 年《田径竞赛规则》规定，从 2003 年 1 月 1 日起，铅球、链球、铁饼项目落地区标志线的内沿延长线的夹角，由原来的 40° 改为 34.92°。

世界上第一个男子掷铁饼的正式成绩是 1896 届奥运会上创造的，成绩是 29.13 米（铁饼重量不详）。以后，年年都有提高，现在的世界男子掷铁饼纪录已提高到 74.08 米。

女子掷铁饼在 1928 奥运会上才被列为正式比赛项目，当时的成绩是 39.62 米。1952 新的背向旋转投掷方式取得了很好的效果，并以 57.04 米的成绩创造了当时的世界纪录，引起了世界各国掷铁饼运动员和教练员的重视。

铁饼竞赛场地

由投掷圈、限制线、护笼和落地区组成。不装抵趾板。在落地区两角度线外侧每隔 5 米放置距离标志牌。投掷圈直径为 2.50 米。护笼安在投掷圈外，高 4 米，开口位于投掷圈圆心前方 5 米处，宽 6 米。其余同铅球比赛场地。

铁饼竞赛器械

（1）铁饼。铁饼本身以木料或其他适当材料制作均可，周围镶以金属圈，边沿呈圆形。由边沿向里 0.6 厘米处的厚度为 1.2 厘米。可用圆片镶入铁饼两面的中央。铁饼也可不用金属片，但相应部分应呈平面。铁饼的大小和总重量必须符合规格。

铁饼的两面必须一致，不得凹凸不平或带尖沿。从金属边沿的弯曲处直至饼心的边沿，应呈直线倾斜，饼心半径至少 2.5 厘米，最大 2.85 厘米。男子铁饼重约 2.005～2.025 公斤，直径 21.8～22.1 厘米；女子铁饼重约 1.005～1.025 公斤，直径 18～18.2 厘米。

（2）投掷圈。用钢铁或其他材料制成，厚 0.6 厘米，高 7.6 厘米，涂成白色。内沿直径为 2.50 米（公差为 ±0.5 厘米），圈的顶端与圈外地面齐平。圈内可用混凝土或用类似的土质垫平。地面要求坚硬而不滑。圈内地面比圈外地面降低 2 厘米（允许的公差为 ±0.6 厘米）。

投掷圈

（3）铁饼护笼。护笼应为"U"字形，至少要由 6 块宽 3.17 米的挡网组成。护笼开口的宽度为 6 米，开口位于投掷圈圆心前面 5 米处。每块挡网的高度至少为 4 米。

护笼在设计上必须能防止铁饼从护笼的联结处、挡网或挡网的下方冲出。

制作护笼挡网可采用适当的天然材料或合成纤维绳索，也可采用低碳钢丝或高抗张力钢丝。钢丝网眼的尺寸最大为 5 厘米，绳索网眼的尺寸最大为 4.4 厘米。其最小抗力强度不得少于 40 公斤。

为了持续地保证护笼的安全性，每连续使用 12 个月以后必须对挡网进行一次检查。

从护笼内投掷铁饼的最大危险区，包括左右手运动员在内，均为 98°角。因此要很好地选择和确定护笼在运动场上的位置和方向。

掷铁饼基本技术

掷铁饼的技术动作分为握法、预备姿势和预摆、旋转、最后用力和维持身体平衡4个技术环节。

（1）握法。五指自然分开，拇指和手掌平靠铁饼，其余四指的最末指节扣住铁饼边沿，铁饼的重心在食指和中指之间，手腕微屈，铁饼的上沿靠在前臂上，持饼臂自然下垂于体侧。

（2）预备姿势。背对投掷方向，两脚左右开立约一肩半，站于圈内靠后沿处的投掷中线两侧。两脚平行开立或左脚稍后，持饼臂自然下垂于体侧，眼平视。

（3）预摆。预摆是为了获得预先速度，为旋转创造有利条件。目前常见的预摆有两种。

①左上右后摆饼法：开始时，持饼臂在体侧前后自然摆动，当铁饼摆到体后时，体重靠近右腿，接着以躯干带动持饼臂向左上方摆起，当铁饼摆到左上方时，左手在下托饼，体重靠近左腿，上体稍左转。回摆时，躯干带动持饼臂将铁饼摆到身体右后方，身体向右扭紧，体重处于右腿上，上体稍前倾，左臂自然微屈于胸前，眼平视，头随上体的转动而转动。

②身体前后摆饼法：开始时，持饼臂在体侧前后自然摆动，当铁饼摆向体前左方时，手掌逐渐向上翻转，右肩稍前倾，体重靠近左腿。铁饼回摆到体后时，手掌逐渐翻转向下，体重由左向右移动，上体向右后方充分转动，使身体扭转拉紧。这种方法动作放松，幅度大。目前大多数优秀选手都采用它。

（4）旋转。预摆结束后，弯屈的右腿蹬地，上体向左转动，同时左膝外展，体重由右脚向边屈边转的左腿移动。接着两腿积极转动，并以左脚前脚掌为轴向投掷方向转动，身体向投掷方向倾斜，投掷臂在身后放松牵引铁饼。当左膝、左肩和头即将转向投掷方向时，右膝自然弯曲，以大腿发力带动整个腿绕左腿向投掷方向转扣（右脚离地不能过高），这时左髋低于右髋，身体成左侧单腿支撑旋转，接着以左脚蹬地的力量推动身体向投掷圈的中心移动，右腿、右髋继续转扣。当左脚蹬离地面，右腿带动右髋快速内转下压，左腿屈膝迅速向右腿靠拢。左肩内扣，上体收腹稍前倾。接着，左脚积极后摆，以脚掌的内侧着地，落在投掷圈中线左侧，圆圈前沿稍后的地方，身体

处于最大限度的扭转拉紧状态，铁饼远远留在右后方，左臂自然微屈于胸前，为最后用力做好准备。

（5）最后用力。当左脚着地时，右脚继续蹬转，使右髋积极向投掷方向转动和前送。接着，头向投掷方向转动，左臂微屈于胸前，胸部开始向前挺出，体重逐渐移向左腿。当体重移向左腿时，右腿继续蹬伸用力，以爆发式的快速用力向前挺胸挥饼。与此同时，左腿迅速用力蹬伸，左肩制动，成左侧支撑，使身体右侧迅速向前转动，将全身的力量集中在铁饼上，当铁饼挥至右肩同高并稍前时，用小指到食指依次用力拨饼出手，使铁饼顺时针方向转动向前飞行。

（6）维持身体平衡。铁饼出手后，应及时交换两腿，身体顺惯性左转，同时降低身体重心，维持身体平衡。

知识点

抗　力

抗力是结构或构件承受作用效应的能力，如强度、刚度和抗裂度等。

强度：材料或构件抵抗破坏的能力，其值为在一定的受力状态和工作条件下，材料所能承受的最大应力或构件所能承受的最大内力（承载能力）。

刚度：结构或构件抵抗变形的能力，包括构件刚度和截面刚度，按受力状态不同可分为轴向刚度、弯曲刚度、剪变刚度和扭转刚度等。

抗裂度：结构或构件抵抗开裂的能力。

延伸阅读

《掷铁饼者》雕塑

公元前449年到公元前334年是希腊雕塑艺术的全盛时期，艺术史上称为"古典时期"，大量优秀的雕塑作品出自这个时期，《掷铁饼者》就是现存流传最广的艺术杰作之一，也是古希腊著名雕塑家米隆的代表作。这个作品是古希腊雕塑艺术的里程碑，显示出希腊雕刻艺术已经完全成熟。雕塑赞美了人体的美和运动所饱含的生命力，表现了作者高超的艺术技巧。虽然原作已经失传，但我们仍能从复制品中感受到那生命力爆发的强烈震撼，也是我们研究古希腊雕刻的重要资料。

这尊被誉为"体育运动之神"的雕像，一望而知是表现投掷铁饼的一个典型瞬间动作：人体动势弯腰屈臂成 S 型。这使单个的人体富于运动变化，但这种变化常常造成不稳定感，所以作者将人物的重心移至右足，让左足尖点地以支撑辅助，以头为中心两臂伸展成上下对称，从而使不稳定的躯体获得稳定

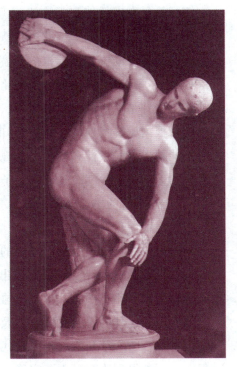

掷铁饼者雕塑

感。身体的正侧转动，下肢的前后分列，既符合掷铁饼的运动规律，又造成单纯中见多样变化的形式美感。

标　枪

掷标枪，是一个比较复杂的多轴性旋转项目。它的完整技术，是由肩上持枪经过一段预先助跑连接投掷步获得动量，通过爆发式的最后用力作用于标枪的纵轴上，将标枪经肩上投出去。

掷标枪技术的产生与发展，有它独特的演变过程。标枪是古代劳动人民为了求得生存，在与大自然作斗争中为获取必需的生活资料而创造的一种原始投掷工具，在当时也作为一种运动器械。到了奴隶社会，就被统治阶段用来作为训练士兵，镇压双隶，掠夺财富和进行战争的一种武器。

　　掷标枪早在古希腊奥运会上已列为比赛项目。原始的标枪构造很简单，把石头磨尖装在木杆的一端即为枪头。随着生产力的发展，才改用金属做枪头。有的部落逐渐搞起掷标枪的比赛，比赛中最优秀的人，就被众人推选为部落的领袖。比赛不仅比远而且还比准。

　　最初枪杆是平滑的，没有绳把，只在手上系着一条布带，投出时可使标枪旋转。根据比赛场地的遗址，可知当时有助跑道，也是一定的界线，掷标枪时不能踏出界线，但和现在场地规格是不一样的。1886 年，在斯堪的纳维亚国家的运动会上，就有了现代男子掷标枪比赛。1906 年，为纪念奥运会举办 10 周年而举行的奥运会上，开始有了掷标枪正式比赛。从此掷标枪就列为国际正式比赛项目。

　　当时对枪的长度、重量、绳把的位置等作了统一的规定，并规定投掷时必须由一只手持枪从背后经肩上投出。到 1932 年第 10 届奥运会上，女子标枪又被列为国际比赛项目，当时美国运动员以 43.68 米的成绩取得冠军。

　　随着田径运动的蓬勃发展，以及科学技术在田径运动中得到运用，掷标枪的技术也不断变革与发展，由古代发展而来的原始投掷技术在漫长的历史过程中，不断得到改革而逐渐完善。

　　掷标枪技术的演变是非常有趣的，在古代可以在标枪上缠绕皮带帮助用力，可以用手指顶在标枪的尾端进行投掷，还有加助跑的投远和原地投准。持枪法由过去的肩下携枪助跑，发展为现在的肩上持枪助跑。握枪法由古老的钳式握法，发展为现在的现代式握法。投掷步由过去的"单足跳"、"后交叉"发展为现在的"前交叉"。

　　现代的投掷技术，有利于投掷步的加速，表现出良好的超越器械，加长了投掷的飞行距离，并能很好地沿着标枪纵轴用力。事物在不断的发展，人们在探讨更为合理的技术过程中，尽可能在使掷标枪技术符合人体解剖结构的形式和生物力学的原理，研究更新的投掷技术。

　　由于掷标枪技术的迅速发展，男子的世界纪录到 20 世纪 80 年代已达到 96.72 米，女子掷标枪运动的历史虽然不长，但成绩的提高也是很快的，从第一个 43.68 米的世界纪录，迅速提高到 69.32 米。

　　不但投掷技术不断得到改进，而且在器械上也不断受到高科技的改进，这一切都对标枪成绩的提高起到了不可替代的作用。由于标枪成绩的不断提高，已对在同一块场地上的其他项目的运动员有了一定的威胁，因此在1987年国际田联将标枪的重心作了调整（前移），并作了严格的限定，使标枪的投掷距离有了较大的缩短。现在的男子和女子纪录分别为98.48米和80米。

标枪竞赛场地

由助跑道、投掷弧、限制线和落地区组成。助跑道长30.0～36.5米，宽4米，用5厘米宽的两条平行白线标明，左右倾斜度不超过1：100。投掷弧用木料或金属制成（也可用油漆画出），漆成白色，宽7厘米，与助跑道的靠落地区端相接。圆弧半径8米，圆心在助跑道正中线上，限制线宽7厘米，长75厘米，与投掷弧相

标枪竞赛场地

连，并与助跑道呈90°。落地区用宽5厘米的两条白色角度线标出，线宽不包括在落地区有效面积之内，内沿延长线通过投掷弧两端至圆心，两角度线上任意一点的弦长等于半径的一半。在两角度线的外侧每隔5米放置距离标志牌。

标枪竞赛器械

运动员应使用大会提供的器械，也可使用自备器械，但在比赛前必须经大会检查合格，并有批准的标志。此类器械必须是所有运动员都能买到的。

标枪包括3个部分：金属枪头、枪身及缠绳把手。枪身应用金属制作，与之固定连接在一起的金属枪头，其终端为一尖锐的枪尖。

把手缠绳应在标枪的重心附近，其直径不得超过枪身直径0.8厘米。把手的表面，要有规则的不滑动的，不留有任何绳头或锯齿，应均匀无结。

标枪的任何部分的横剖面均呈正规圆形。枪身最粗的直径应位于把手

TIYU ZHISHI BOLAN

的前端处。枪身的中央部分，包括把手下面的枪身应呈圆柱形。标枪从把手开始，分别向枪尖和枪尾两端有规则地逐渐缩细。从把手开始向两端的纵剖面，应呈直线或略呈曲面形。除把手外，整个标枪的横剖面直径不得有突然变化。

枪身向枪尖逐渐缩小的直径应为：从把手前端至枪尖之间中点的直径不得大于枪身最大直径的90%，在距枪尖15厘米处的直径不得大于枪身最大直径的80%。

枪身向枪尾逐渐缩小的直径应为：从把手前端至枪尾之间中点的直径，男枪不小于枪身最大直径的90%，女枪不小于枪身最大直径的70%。

距枪尾15厘米处的直径，男枪不小于枪身最大直径的40%，女枪不小于枪身最大直径的30%。

800克男枪，从枪尖至重心的距离为90～106厘米。

标枪竞赛规则

（1）掷标枪时，手必须握在标枪的把手处。标枪应从肩上方或投掷臂的上方掷出，不得从体侧用抛或甩的方法投掷。

（2）从准备投掷到标枪掷出之前，运动员的身体不得做整圈旋转致使背对投掷弧。

（3）标枪掷出后，枪身的其他部分比枪尖先落地，或运动员身体任何部分触及起掷弧或起掷弧的延长线，或触及起掷弧以外的地面，都判作一次试掷失败。助跑时如越出助跑道两边的平行线，判为犯规。

（4）枪尖必须完全落在角度线内沿以内才算有效。

（5）在投掷过程中标枪遇有损坏或折断，当时运动员并未犯规，则不算一次试掷失败。

（6）掷标枪时，必须待器械落地后，运动员方能从起掷弧的后面或起掷弧两端延长线（与助跑道两边平行线垂直）的后面走出。

（7）掷标枪时，越出起掷弧或在投掷中（包括助跑）标枪滑掉，判作一次试掷失败。

（8）投掷项目比赛除犯规以外，当运动员投出的器械完全落在落地区内（不包括落地区边线）才算有效，丈量成绩时从距离投掷区最近的落地点算起。其中标枪必须是枪尖首先触地成绩才算有效。

（9）裁判员的旗示

在投掷项目比赛中，通常有两名主裁判手中持有红、白旗帜各一面，用来示意运动员试投是否成功。举红旗表示试投失败，成绩无效；举白旗表示成功，成绩有效。其中一名站在投掷区附近的称为内场主裁判，主要判定运动员在试投过程中是否犯规；另一名在落地区内的称为外场主裁判，主要判定器械落地点是否有效。

标枪比赛

掷标枪方法

掷标枪要求具有高度的速度力量、柔韧性以及大幅度协调用力的能力。因此，标枪运动员必须具有强有力的躯干、腰、髋及上下肢肌肉收缩力量和收缩速度。投掷标枪的技术动作是在幅度大、协调性和灵活性高的情况下完成的。所以，对标枪运动员的手腕、肘、肩关节、胸、腰、髋的柔韧和灵活性提出较高的要求，由于项目的特点在日常的训练中标枪运动员的肘、肩关节也成了容易损伤的部位。

（1）握法。握枪方法是将标枪斜放在掌心上，大拇指和中指握在标枪把手末端第一圈上沿，食指自然弯曲斜握在标枪上，无名指和小指握在把手上。也可将拇指和食指握在标枪把手末端第一圈上沿，其余手指按顺序握在把手上。这种握法可加长投掷半径，便于控制标枪出手角度和飞行的稳定性，为多数运动员所采用。

（2）持枪。持枪于右肩上方，稍高于头，枪尖稍低于枪尾，这种持枪法手腕放松，便于向后引枪。

（3）助跑。助跑的目的，是为了在最后用力前获得预先速度，并在助跑中做好引枪动作，为最后用力创造条件。助跑的距离应根据投掷者发挥速度的快慢而定，一般在 25~35 米之间，助跑分为两个阶段。

①预跑阶段：从第 1 标志线到第 2 标志线，为预跑段，大约 16~20 米。跑双数步约 8~12 步，跑单数步约 9~13 步。预跑时动作要自然，上体微前倾，逐渐加速，用前脚掌着地，持枪臂随跑的节奏自然前后摆动，从容地进入投掷步。

②投掷步阶段：从第 2 标志线到起掷弧线为助跑的第 2 阶段。投掷步一般采用 5 步，也有采用 6 步或 7 步的。五步投掷步的前 4 步一般步长是：第 1 步大，第 2 步小，第 3 步大，第 4 步小。

第 1 步：左脚踏上第 2 标志线，右脚积极向前迈步，脚掌落地部位稍偏右，右肩向右转动并开始向后引枪，左肩向标枪靠近，左臂在胸前自然摆动，眼前视。髋部正对投掷方向，持枪臂尚未伸直。

第 2 步：当右脚落地，左脚离地前迈开了投掷步的第 2 步。左脚前迈时，髋稍向右转，右肩继续后撤并完成引枪动作，右手接近于肩的高度，枪身与前臂夹角较小，枪尖靠近右眉，保证标枪纵轴和投掷方向一致。

第 3 步：投掷步第 2 步左脚落地时，右腿自然弯屈，大腿带动小腿积极向前迈步，左腿猛蹬伸，使右大腿加速前迈，成交叉步，左臂自然摆至胸前，投掷臂伸直充分后引，右脚尖与投掷方向成 45°角左右，躯干与右腿成一条直线。

第 4 步：从助跑过渡到最后用力的衔接步。交叉步结束前，左腿积极迈第 4 步，用脚掌内侧落地。

最后用力：投掷步第 4 步落地后，右腿积极蹬地转髋，肩轴向投掷方向转动，投掷臂上臂向上转动，带动前臂和手腕向上翻转。当上体转到正对投掷方向时，投掷臂翻到肩上，左肩内，成"满弓"姿势。然后，上臂带动前臂向前做爆发式的"鞭打"动作，使标枪向前飞出。在标枪离手的一刹那，甩腕指，使标枪沿纵轴顺时针方向转动。

（4）缓冲。标枪出手后，运动员随着向前的惯性，继续向前运动，为了防止犯规，应及时向前跨 1~2 步，身体稍向左转，并降低身体重心，维持平衡。

TIYU ZHISHI BOLAN

国际田径联合会

国际田径联合会，简称国际田联，是一个国际性的田径运动的管理组织。1912 年 7 月 17 日，来自 17 个国家的田径联合会代表在瑞典斯德哥尔摩召开第一次代表大会，标志着国际业余田径联合会（国际田联前身）成立。其宗旨是保护国际业余田径运动的权益，在各田径协会间建立友好合作关系，反对种族、宗教、政治及其他形式的歧视。

倒霉的标枪裁判

"中了！痛。"

2006 年 9 月 24 日，巴西国家田径赛上，疾飞的标枪不偏不倚地扎进了裁判的脚里，她马上尖叫着倒在地上。巴西某媒体记录了这个瞬间。并获得运动瞬间特写组第 2 名，题目就是"中了！痛。"

当然，倒霉的更有运动员。2007 年国际田联黄金联赛罗马站发生惨剧，法国跳远运动员萨·斯迪里被芬兰运动员皮特卡玛基投出的标枪严重刺伤。当晚，黄金联赛各项比赛在罗马的奥林匹克体育场进行。芬兰标枪名将皮特卡玛基在投掷时出现重大失误。标枪出手后并未飞向有效区域，而是直奔左侧的跳远区。当时跳远比赛也正在进行，飞驰而来的标枪扎到了准备参加比赛的斯迪里的后背，斯迪里随后倒地不起。

球类体育活动

　　球类运动，通常是指由各类大球和小球组成的球形类运动项目的总称。包括手球、篮球、足球、排球、羽毛球、网球、高尔夫球、冰球、沙滩排球、棒球、垒球、藤球、毽球、乒乓球、台球、蹴鞠、板球、壁球、沙壶、冰壶、克郎球、橄榄球、曲棍球、水球、马球、保龄球、健身球、门球、弹球等。

　　据科学研究表明，球类活动是最适合青少年开展的运动内容，其运动中的趣味性、多功能性能有效激发青少年运动兴趣，对发展青少年的灵敏素质具有独特的作用。

篮 球

　　篮球运动是由美国马塞诸塞州斯普林菲尔德尔市基督教青年会干部训练学校教师詹姆士·奈·史密斯博士于1891年发明的。

　　起初，史密斯将两只桃篮分别钉在健身房内看台的栏杆上，桃篮上沿距离地面3.04米，用足球作比赛工具，向篮投掷。投球入篮得1分，按得分多少决定胜负。每次投球进篮后，要爬梯子将球取出再重新开始比赛。以后逐步将竹篮改为活底的铁篮，最终改为铁圈下面挂网。到1893年，形成了近似现代的篮板、篮圈和篮网。最初的篮球比赛，对上场人数、场地大小、比赛时间均无严格限制，只需参加比赛的双方人数相等即可。比赛时，双方队员分别站在两侧端线外，裁判员鸣哨并将球掷向球场中间，双方跑向场内抢球，开始比赛。持球者可以抱着球跑向篮下投篮，首先达到预定分数者为胜。

1892年，史密斯制定了13条比赛规则，主要规定是不准持球跑、不准有粗野动作、不准用拳击球，否则即判犯规，连续3次犯规判负1分；比赛时间为上、下半时各15分钟；对场地大小也作了规定；上场比赛人数逐步缩减为每队10人、9人、7人，1893年定为每队上场5人。经过一个较短时期的传播，篮球运动便从学校走向社会，由美国传向国外。

1893年，篮圈上开始附上一个网状的袋子，球员投中之后，裁判员就会拉动一条附在网袋上的绳子，使球掉下来。接着篮板也开始采用，这是用来防止看台上的观众在比赛时妨碍球员投球而设的。还有当时像足球般大的篮球也被较大的球代替。大约到1913年，无底的篮网才被开始使用。

1896年前后由天津□华基督教青年会传入中国。至1940年前，篮球运动伴随着美国的文化、宗教等的扩张，通过基督教青年会组织以及教师、留学生间的交往，先后向世界各地传播推广。伴随着篮球活动的游戏性、健身性和娱乐性等特性，篮球竞赛应运而生并逐渐完善。1908年美国制定了全国统一的篮球规则并用

篮球场

多种语言出版，发行全世界，这样，篮球运动逐渐传遍美洲、欧洲和亚洲，成为世界性运动项目。

篮球是在1936年，才正式成为奥林匹克运动会的一个运动项目。

篮球竞赛场地

比赛场地是一块长方形，平坦且无障碍物的坚实平面。规格为长28米、

宽 15 米。

篮球竞赛器材

球为圆形，充气后，周长为 74.9～78 厘米，重量为 567～650 克。

篮球竞赛主要规则

1. 比赛时间

比赛分上、下两个半时，每半时各 20 分钟，中间休息 10 分钟。若下半时结束两队得分相等，延长 5 分钟作为决胜期继续比赛，必须时，可延长几个这样的 5 分钟，直到决出胜负。每个决胜期前允许休息 2 分钟。或采用篮球比赛由 4 节组成，每节 10 分钟（美国职业篮球联赛为每节 12 分钟）。如果第 4 节比赛结束时两队得分相等，则需要一个或多个 5 分钟的决胜期来继续比赛，直至分出胜负为止。每队在头 3 节中，每节可允许 1 次需登记的暂停，第 4 节允许 2 次需登记的暂停，每个决胜期有 1 次需登记的暂停。1、2 和 3、4 节的暂停可相互挪用。

2. 参赛队员

对于 2×20 分钟的比赛，不超过 10 名合格队员，其中含一名是队长。一个队参赛场次超过 3 场时，可增至 12 名合格队员，比赛进行时，每队要有 5 名队员上场。

3. 违例

违犯规则的行为就是违例。其罚则是：发生违例的队失去球，由对方在违例就近边线外掷界外球。除干扰和罚球违例外。

（1）确定中枢脚

①队员双脚着地接球，可以用任一脚作中枢脚。一脚抬起的一刹那，另一脚即成中枢脚。②队员在移动或运球中接到球时，若双脚同时着地，则可以用任一脚为中枢脚；若两脚先后着地，则只能以先着地的一脚为中枢脚。

（2）运球规则。队员控制球后，将球掷、拍或滚在地面上，并在球触及另一队员之前再接触球为运球开始。队员用双手同时触球或使球在一手或两手中停留的瞬间运球即结束。队员的手不和球接触时，运球队员的步数不受限制。但下列情况不算运球：连续投篮；接球不稳（漏球）；与附近的对方队员抢球时，用连续跳拍球的方法以图控制球；打落对方的球；球触及对方球篮或篮板等。若出现上述情况，该队员又得到球后，仍可以运球或重新运球。

（3）球回后场。位于前场控制球队的队员不得使球回后场（中线属该队后场）即：在前场控制球过程中，不得出现下述情况：球进入后场前未被对方队员接触，而被触及后场的本方队员截获（包括本方队员从后场起跳，接球后落在前场的情况）。

（4）脚踢球和拳击球。比赛期间，不得故意出现下述情况：用膝、膝以下腿的任何部位或脚去击球或拦阻球，也不得用拳击球。

（5）使球出界。当球触及界外的队员或任何其他人员；球触及界线上、界线上方或界线外的地面或任何物体以及篮板的支柱或背面时，均为球出界。在判断球出界时，注意下列几种情况：

①比赛中如果某队员故意将球掷或抛向对方队员身上使球出界，应判某队员使球出界。②将对方手中的球打出界外，应判打球队员使球出界。③传出的球触及站在界线的裁判员，应判传球队员使球出界。

（6）干扰球

①在投篮的时候，当球在飞行中下落，并完全在篮圈水平面上时，进攻或防守的队员均不可以触球，除非球触及篮圈或明显不会触及篮圈时。②当球在球篮中时，防守队员不得触球或球篮。③当投篮的球触及篮圈时，进攻或防守队员都不得触及球篮或篮板。

篮　球

罚则：若进攻违例不得分，并由对方队员在罚球线的延长部分掷界外球；若防守违例，则如同投篮成功一样，根据投篮地点判给投篮队员得 2 分或 3 分，在端线后掷界外球重新开始比赛。当投篮出现在比赛时间（一节或半时）临近结束时，在时间终了前球已离开了投篮队员的手并在空中，若球直接入篮或碰圈弹起后入篮均记得分；若球触及篮圈后，任一队员触及球、球篮或篮板是违例。若防守队员违例，视为中篮得分；若进攻队员违例，球成死球，球进篮不判得分。

（7）罚球规则

①罚球队员进行罚球时，要在罚球线后半圆内就位，他可用任何方式投篮，但他必须将球在被别的队员触及前从篮圈上方投入球篮或投篮触及篮圈；②在裁判员将球置于他可处理时，要在 5 秒钟内投球离手；③不得做假动作罚球，在球触及篮圈前不得触及罚球线或罚球线前的地面；④球在飞向球篮途中不得触及球；当球与篮圈接触时不得触及球篮或篮板。⑤在最末一次罚球之前的任一罚球中，只要球有机会入篮，不得触及球或球篮。

违反者为违例。若罚球队员违例，其他队员在同时或紧接着构成其他违例不究，不得分，由对方队员在罚球线的延长部分掷界外球。

（8）时间违例

①3 秒违例：某队控制球时，同队队员在对方限制区内（包括触及限制区的各线）停留不得超过 3 秒。除投篮出手和连续抢篮板球时例外。②5 秒钟违例：罚球队员每次从罚球得到裁判员递交的球开始，5 秒钟内未将球出手；掷界外球队员在界外从可处理球时起，5 秒钟内没有传、投、滚球出手时，均为 5 秒钟违例。③10 秒钟违例：某队从后场控制活球开始，10 秒钟内未使球进入前场，为 10 秒违例。④30 秒违例：某队在场内控制活球时，必须在 30 秒钟内投篮出手，否则为 30 秒违例。

4. 侵人犯规

合法的防守姿势和位置：面对对手，两脚成正常的跨立姿势着地，两脚之间的距离一般与其本人成正比，且防守位置可垂直伸展到他的上空（圆柱体），即：可以将双臂举过头，但双臂必须是在这假想的圆柱内保持垂直姿势，否则与对方发生身体接触构成犯规。

（1）侵人犯规

侵人犯规是指在球进入比赛状态，活动和死球时队员发生不合理的身体接触。比赛中，队员凡违犯下列几种情况而造成的身体接触，均属侵人犯规：
①队员在攻守中，不准通过伸展臂、肩、髋、膝或弯曲身体成不正确的

防守姿势；不准采取不合理的防守办法达到阻挡、阻挠对方；不准采用非法的动作打、拉、推、抗、绊对方。②防守队员时距离不能太近，插入对方移动路径的速度不准太快，以至于对方没有足够的距离或时间停步或改变他的方向。此距离一般与对方队员的移动速度成正比，不得少于一步，不得多于两步。③运球队员不准冲撞已站在他行进路线上并已采取了合法防守位置的队员。④队员掩护时，要静立不动，且与对方保持一定的距离（不得少于正常的一步，也不必多于两步），不准在移动中进行。⑤腾空的队员：队员在场上跳起后有权落回原地，也可以落到另一地点，只要跳起时，该地点尚未被占据或起跳点与落地点之间的直线通道尚未被占据；当队员已跳起在空中，其他队员不得移至该起跳队员的路径上。

5. 技术犯规

（1）队员技术犯规

比赛中，队员对裁判员有不礼貌或不尊重的言行或蓄意地以某种行为延误比赛或擅自更换比赛号码或不通过正常途径替换队员等均属技术犯规。

（2）教练员、助理教练员和替补队员的技术犯规

比赛中，教练员、助理教练员和替补队员，不得随意走进球场或离开球队席或有不利于比赛顺利进行的言行等均为技术犯规。

篮球运动技巧

1. 脚步移动

控制好身体重心通过各种快速、突变的脚步动作，达到进攻时摆脱对方的防守，防守时争主动的手段。有侧身、变向、变速跑；跨步、跳足急停技巧；前转、后转、跨步转身；单脚、双脚起跳；侧滑、前滑、后滑步；碎、交叉、攻击、后撤、绕前、绕后步等。

2. 传、接球

进攻队员在向目的地（对方队篮架）投篮，往往是通过相互间传、接球的方式转移球的，传、接球是在双方激烈争夺下进行的。要求做到准确、及时、隐蔽、多变。有双手胸前、反弹、头上、低手传、接球、运球中推拨传球、向后传球等；单手领接球，胸前、低手、肩上、体侧、肩上向后、勾手、

篮球比赛

背后、运球中推拨、点传球等。

3. 运球

持球队员在原地或脚步移动中用手连续拍按在地上反弹起来的球，以达到控制球、突破对方防守和战术配合创造有利的进攻机会。有高、低、变速、体前变向、背后变向、胯下变向运球。还有运球转身等。

4. 投篮

是得分的直接效果体现技术，也是主要的进攻技术，提高命中率必须掌握：

（1）手法的准确是与全身力量协调运用。

（2）锻炼正确的瞄准。

（3）使球出手后有飞行弧线。

（4）学会运用球的旋转。投篮动作和方法很多，大致可分单手、双手两大类。又可分在原地、行进间、跳起和跳起转身等的投篮。

5. 防守

运用脚步移动和手臂动作，阻挠和破坏对手的进攻动作，以达到夺得球为目的。破坏不持球对手的接球能力，伺机夺球；阻挠和干扰持球对手时，占据对手与占球篮之间的位置，要既能举臂阻封传球、投篮，又能移动堵塞对手的运球突破，伺机夺球。可采用抢、打球技术，防止对手假动作的诱惑。

6. 抢篮板球

在投篮不中（球碰篮板或篮圈）时，双方争夺控球权的技术。这与球员抢占的位置、起跳的动作、空中的抢球动作和抢球后的动作等有关。身材高、跳得高是重要的，但还要掌握球弹出的方向规律和正确判断球的落点。

知识点

美国职业篮球联赛

美国职业篮球联赛，简称 NBA，美国第一大职业篮球赛事，其中产生了迈克尔·乔丹、魔术师约翰逊、科比·布莱恩特、姚明、勒布朗·詹姆斯等世界巨星。

该协会一共拥有 30 支球队，分属两个联盟：东部联盟和西部联盟；而每个联盟各由 3 个赛区组成，每个赛区有 5 支球队。30 支球队当中有 29 支位于美国本土，另外一支来自加拿大的多伦多。

延伸阅读

篮球的基本素质训练

体能训练

体能训练是所有球类的基础，任何一个运动项目对身体素质都有一定的要求，必须首先具备一个良好的体能才能准确地完成各种动作。速度训练想多练速度，必须要在耐力训练的基础之上才能加强速度，同时也和力量、爆发力的练习结合得很紧密。

以前没有健身房，体能训练只能利用室外的场地，例如利用看台的台阶来练蛙跳以加强腿部力量练习，或者绕操场跑 1 万米练耐力，短跑、折返跑、变速跑练速度和爆发力，仰卧起坐练核心部位，这样也能达到一定的体能训练的效果。但是，力量训练往往被忽略了，这是比较致命的，因为肌肉力量是基础，如果没有好的力量，其他的几项素质就会受到影响。如果要想更进一步提高自己的体能，为高超的篮球技巧打下坚实的基础，健身房的体能训练是最好的选择，好的硬件设施自然会令锻炼效果事半功倍。

耐力训练

我们可以把耐力拆分为 3 类内涵：心肺功能、肌肉耐力和毅力。凡是有氧运动都能训练心肺功能和肌肉耐力，跑步是其中最简单、最易操作且对普通人群而言比较好的耐力训练项目。值得一提的是动感单车，它是一个集耐力、爆发力为一体的全身综合练习，例如站姿爬坡，突然间加大单车阻力、俯身快骑等训练内容。做力量练习的时候，较低负重，较高次数也可以训练肌肉耐力。耐力其实就是考验你最长时间的承受能力，就看你最后能否坚持，所以它其实是一个很广泛的概念，和毅力也相关。有时精神层面的东西往往是最重要的。

速度训练

想多练速度，必须要在耐力训练的基础之上才能加强速度，同时也和力量、爆发力的练习结合得很紧密。腿部必须要有力量，这样才会有爆发力，才会有速度。所以练习速度首先要练习力量和耐力，要针对局部力量进行练习，这些将在"力量训练"里面介绍。速度训练常见的就是利用跑步机调节速度来进行，还有就是在室外进行短跑练习。此外，专门针对爆发力的练习可以利用动感单车变速骑、俯身快骑、利用跑步机的变速跑来完成。室外的折返跑、变速跑也是很好的爆发力训练方法。

力量训练

前面就已经提到力量和耐力是其他几项素质的基础，因此力量训练特别重要。我们观察 NBA 球星，可以发现他们的肩部最发达，胸部、背部、腿部也是结实有力的。因此，力量的训练是一个综合而全面的练习，就篮球而言，比较重要的是以下几个部分的练习：肩、臂、背、胸、腿。要集中精力针对这几点进行局部力量训练，做好了这几个力量训练，就很容易在篮球场上脱颖而出了。

排　球

排球运动源于美国。1895 年，美国一位叫威廉斯·盖·摩尔根的体育工作人员，想把当时已广为流行的网球搬到室内，在篮球场上用手来打。但室内篮球场面积较小，网球容易出界，于是他作了某些改进：一是把网球允许球落地后再回击的规则改为不许落地；二是把网球的体积扩大，用篮球胆充气来打。第二年，有位博士将此球命名为"华利波"，意为"空中飞球"。

排球传入中国的时间，一说是1905年，一说是1913年。将"华利波"改称"排球"是在1925年3月举行的广东省第9届运动会上，主要取其分排站立之意。在1964年东京举行的第18届奥运会上，首次进行了排球比赛。

排球运动的发展历程可分为3个阶段：娱乐排球、竞技排球、现代排球。

排球运动起初是一种娱乐性较强的游戏。人们隔网拍打，追逐嬉戏，以不使球落地为乐趣。

1947年，国际排球联合会（FIVB）正式成立，之后

排球场

制定了统一、严格的比赛规则，排球运动逐渐发展成为一项世界性的竞技体育项目。如今竞技排球在社会化、商业化、职业化的推动下正向着力量、高度、速度等多元化方向发展，高水平的排球比赛精彩纷呈，吸引了众多观众。但现代竞技排球的高度技巧性和激烈对抗性对参与者提出了很高的要求，使排球运动爱好者望而却步，这无疑会影响人们对该项运动的喜爱。

近年来，国际排联为了吸引更多的观众和参与者，除了有计划、有目的地推广和普及室内6人制排球，还提倡、支持开展各种形式的排球运动，致力开发"排球人口"。20世纪90年代把沙滩排球列入了整体发展规划，并成立了沙滩排球委员会，1993年出版了第一部正式竞赛规则。1996年沙滩排球成为亚特兰大奥运会正式比赛项目。为在青少年中更好地开展排球运动，国际排联大力推广、开展"小排球"和"软式排球"，"坐式排球"也已成为残奥会比赛项目。

总之，分化繁衍出来的排球运动已呈现出竞技排球与娱乐排球共存的局面，"现代排球"大家族观念已经形成。

排球竞赛场地

（1）比赛场区。排球比赛场地包括比赛场区和无障碍区。比赛场区为18米×9米的长方形。国际排联组织的世界性大型比赛场地边线外的无障碍区至少宽5米，端线外至少宽8米，比赛场区上空的无障碍空间从地面量起至少高12.5米。比赛场地的地面是浅色的，由木质或合成物质构成。比赛场区和无障碍区分别为两种不同的颜色，场区上所有的界线为白色，宽为5厘米。

（2）换人区。两条进攻线的延长线与记录台一侧边线外的范围为换人区。

（3）准备活动区。无障碍区外球队席的远端，有长3米、宽3米的区域为准备活动区。

（4）判罚席。队员席后面1米见方的区域，内设两个椅子为判罚席。被判罚出场的成员应坐在判罚席上。

排球竞赛器械

（1）球。比赛用球由一个内置的球胆和柔软的皮革制成。圆周为65～67厘米，重量为260～280克。

（2）球网架。球网架设在中线上空，高度为男子2.43米，女子2.24米。

（3）球网。球网为黑色，宽1米，长9.50～10米，网眼直径10厘米。球网上有两条宽5厘米、长1米的白色带子为标志带，分别系在球网的两端，垂直于边线。

（4）标志杆。标志杆是有韧性的两根杆子，长1.80米，直径10毫米，由玻璃纤维或类似质料制成。两根标志杆分别设置在标志带外沿球网的不同两侧。

排球竞赛规则

1. 比赛方法

比赛开始时，双方上场队员各6名，按场区站位，站位靠近网前是2、3、4号位为前排，站其后是1、6、5号位为后排。比赛分五局三胜和三局二胜两种赛制。

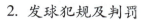

2. 发球犯规及判罚

凡出现以下情况之一，均构成发球犯规。

①发球次序错误；②发球区外发球；③第一裁判员鸣哨后5秒未将球击出；④击球时球未抛起或持球手未撤离；⑤违反"发球试图"的规定；⑥发出的球触及发球队队员或未通过球网的垂直面；⑦发球出界；⑧发球掩护。

若发球犯规，应判犯该队失一球，并换对方发球。

3. 位置错误犯规及判罚

发球队员击球的一瞬间，场上任何一名队员不在规则规定的位置上，则构成位置错误犯规。判断队员场上的位置应根据队员脚的着地部分来确定。每一名前排队员一只脚的某部分必须比同列后排队员的任一脚距中线更近；每一名右边或左边的队员一只脚的某一部分必须比同排队员的任一脚距同侧边线更近。不同排、不同列的队员不存在位置错误。

若出现位置错误犯规，应判犯规队失一球。

4. 击球时的犯规和判罚

（1）持球：队员没有将球击出，而出现将球接住或抛出，或垫球没有反弹，为持球犯规。

（2）连击：一名场上队员明显地连续击球两次或球连续触及他身体不同部位为连击犯规。但在同一个击球动作的情况下，不论是对方发球，扣球或其他形式的击球，防守方第一次击球时，允许队员身体不同部位连续触球。

（3）四次击球：每队在将球击入对方场区前，在本方场区最多可以击球3次（拦网除外）多于3次击球为4次击球犯规。

上述击球时的各种犯规应判犯规队失一球。

5. 队员在球网附近的犯规和判罚

（1）过网击球。在进行进攻性击球前或击球时，在对方场区空间触及球或对方队员为过网击球犯规。判断过网击球犯规的依据是击球点是否在对方场区上空。

（2）过中线。比赛进行中，队员整个脚或整只手越过中线并触及对方场区为过中线犯规。如果队员的一只（两只）脚或一只（两只）手越过中线触及对方场区的同时，其一部分还接触中线或置于中线上空，不算过中线犯规。

65

（3）触网。比赛进行中，任何场上队员触及9.50米以内的球网、标志杆、标志带均为触网犯规。但非击球队员在不影响比赛的情况下，偶尔轻微触及球网除外。

（4）过网拦网。在对方进攻性击球前或击球时，在双方或对方空间拦网触球为过网拦网犯规。判断过网拦网的依据是进攻队员与拦网队员触球时间的先后。

（5）后排队员拦网。后排队员靠近球网，将手伸向高于球网处阻拦对方来球，并触及球，为后排队员拦网犯规。判断后排队员拦网犯规必须同时具备以下3条：第一，后排队员在靠近球网处；第二，手高于球网上沿处阻挡对方来球；第三，触及了来球。后排队员参加集体拦网时，只要具备前两条，就判后排队员拦网犯规。

（6）拦发球。队员在球网附近，手高于球网上沿阻挡对方发过来的球，不管拦死还是拦起，只要触及球就为拦发球犯规。

6. 后排队员进攻性击球犯规和判罚

后排队员在前场区内，或踏及进攻线或其延长线，击整体高于球网上沿水平面的球，并使球的整体从过网区通过球网垂直面或触及对方拦网队员，为后排队员进攻性击球犯规。判断后排队员进攻性击球犯规必须同时具备以下3条：

①后排队员在前场区内，或踏及进攻线或其延长线；②第二，击整个高于球网上沿水平面的球；③击出的球整个从过网区通过球网垂直面或触及拦网队员的手。出现这种犯规应判犯规队失一球。

排球运动基本技术

1. 准备姿势和移动步法

两脚作略宽于肩的开立，全神注视球的运动轨迹，两膝弯曲内扣脚跟提起，身体重心在前脚掌与拇指根部，上体前倾，接球时的移动步法有并步、跨步、跨跳、滑步、交叉步、跑步、后退步等法。

2. 发球

是排球比赛中的进攻手段之一，可以先发制人，强有力的攻击性的发球可以直接得分。发球时向上抛球要稳，击球时用力和方向要准。由于击球手法不同，出球性能也不同。一般有正面上手发球（可发出上旋、下旋，左旋或右旋球）、勾手大力发球（力量大、出球快而平直），正面上手飘球（球在空中飘晃）、勾手飘球等等。

3．垫球

是接发球和后排防守的主要技术动作。主要有正面双手垫球、体侧垫球、跨步垫球、正面低姿势垫球、背垫球、单手垫球、前扑垫球、滚翻垫球等等。

4．传球

是最基本的技术动作。上手传球是组织进攻的第二传，主要任务是易于控制球，准确性高。通常称之为"二传手"。

5．扣球

是进攻的最有效的方法。一个队的攻击力往往取决于扣球的技术水平。有正面扣球、勾手扣球和我国传统打法的快球，其中有短平快等等。

6．拦网

是防守的第一道防线，是反攻的重要环节，也是得分的主要手段。可以单人拦网，也可以集体拦网。

知识点

沙滩排球

沙滩排球，简称"沙排"，是现在风靡全世界的一项体育运动。

沙滩排球的基本规则、场地大小、排球大小、得失分和交换发球权等方面与室内排球运动基本一样。但场内没有发球区和前后排的限制。一般采用三局二胜制，每局握有发球权一方才能得分，先得21分者赢得一局。如果双方打成20比20平分时，净胜2分一方才能获胜。

延伸阅读

国人的骄傲：中国女排

中国女子排球队，奥运冠军团队，隶属于中国排球队，是近代中国各体育团队中成绩突出的体育团队之一。曾在 1981 年、1982 年、1984 年、1985 年、1986 年夺得冠军，成为世界上第一个"五连冠"，并又在 2003 年和 2004 年两度夺冠，共七度成为世界冠军（或奥运冠军）。2011 年 11 月 18 日，中国女排 3 比 0 战胜德国女排，夺得世界杯季军，成功晋级 2012 年伦敦奥运会。

世界冠军记录（年份世界大赛主教练、队员）

1981 年第 3 届世界杯（主办国：日本）袁伟民、孙晋芳、张蓉芳、郎平、陈亚琼、周晓兰、杨希、朱玲、曹慧英、陈招娣、周鹿敏、张洁云、梁艳。

1982 年第 9 届世界女排锦标赛（主办国：秘鲁）袁伟民、孙晋芳、张蓉芳、郎平、陈亚琼、周晓兰、杨锡兰、梁艳、姜英、郑美珠、曹慧英、杨希、陈招娣。

1984 年洛杉矶奥运会（主办国：美国）袁伟民、张蓉芳、郎平、朱玲、周晓兰、杨锡兰、梁艳、姜英、侯玉珠、苏惠娟、李延军、杨晓君、郑美珠。

1985 年第 4 届世界杯（主办国：日本）邓若曾、郎平、杨晓君、侯玉珠、郑美珠、梁艳、巫丹、姜英、杨锡兰、殷勤、李延军、苏惠娟、林国清。

1986 年第 10 届世界女排锦标赛（主办国：前捷克斯洛伐克）张蓉芳、杨晓君、侯玉珠、郑美珠、梁艳、巫丹、姜英、杨锡兰、殷勤、李延军、苏惠娟、刘玮、胡小凤。

2003 年第 9 届世界杯（主办国：日本）陈忠和、刘亚男、冯坤、周苏红、杨昊、王丽娜、赵蕊蕊、张萍、张娜、张越红、宋妮娜、李珊、陈静。

2004 年雅典奥运会（主办国：希腊）陈忠和、刘亚男、周苏红、杨昊、冯坤、王丽娜、赵蕊蕊、张萍、张娜、张越红、宋妮娜、李珊、陈静。

足　球

　　现代足球运动起源于英国。1863 年 10 月 26 日，在英国伦敦成立了世界上第一个足球协会，标志着现代足球的诞生。

　　现代足球运动在英国兴起后，通过英国的海员、士兵、商人、工程师和牧师传播开来。

　　英国足球协会于 1872 年开始举办优胜杯赛，从而使足球运动流行全国。1875 年，现代足球传至荷兰、丹麦，1882 年传至瑞士，1885 年传至德国，1890 年传至前捷克斯洛伐克，1894 年传至奥地利，这些国家相继成立了足球协会。

　　1904 年 5 月 2 日在巴黎，法国、瑞典、瑞士、比利时、西班牙、荷兰、丹麦 7 个国家的足球协会召开会议，成立了足球国际性组织——国际足球联合会，英文缩写为"FIFA"。它是奥林匹克委员会的一个单项体育组织，是世界上会员协会最多的国际单项体育组织。

　　发展至今，FIFA 已有会员协会 206 个国家，其总部设在瑞士的苏黎世。1930 年开始的四年一届的世界足球锦标赛是世界上最引人注目的大赛，它是世界上规模最大、影响最广、水平最高的足球比赛。除此之外，还有奥运会足球赛、世界青年足球锦标赛、世界少年足球锦标赛、世界女子足球锦标赛、世界室内足球锦标赛等比赛。

足　球

　　我国也是足球运动的发祥地。《战国策·齐策》中曾记载了战国时期齐国都城临淄民众普遍开展足球运动的情况。当时足球被称为"鞠"。《汉书·

艺文志》中说："鞠以革为之，踏之为戏。"《太平清话》载"蹋鞠……以革为圆囊，实以毛发。"由此可见，古代的"鞠"是用皮革作外壳，中间塞满毛发之类的东西。以后，此项运动渐有发展。西汉时，刘邦曾在宫廷内修建"鞠域"，专供竞赛时用。到了唐代，在场地、设备、器材方面逐渐完善。宋朝时，出现了称为"香云社"的球会组织。

现代足球是鸦片战争后开始传入我国的。1897 年，香港开始举办特别银银牌足球赛。此时，上海、南京、北京等一些大城市也有了足球运动。之后，又通过这些城市的足球爱好者，将这项运动传到各地。1908 年，香港成立了我国近代最早的足球运动组织——"南华足球会"。

目前，足球行家趋向于将流派划分为 3 类，即欧洲派、南美派和欧洲拉丁派。流派形成的过程主要受传统文化、地理环境、社会观念、身体条件和主观追求等方面因素的影响。所有这些因素，是流派正确形成和发展的必要条件，这 3 种流派在技术、战术、身体、心理方面各有优势。

欧洲派：英国、原西德都属这一流派。在技术上，讲求时机与实效。他们的运、控球动作简捷，多采用一次性出球并以中长传配合见多，运射频繁有力，头球争夺能力强，抢截凶狠；战术上，打法较为简练，整体意识强，气势逼人，充分运用中长传球快速通过中场，直接威胁球门并不失时机地争抢射门，前场进攻多以远射、头球、外围传中和包抄冲门为主。防守上多采用区域盯人与人盯人混合运用，逼抢勇猛凶狠；身体上，最典型的特点是有不间歇奔跑的体力，其次是具有强健高大的体格、爆发力量和速度；心理上，充满自信心，情绪高昂，勇于冒险，作风泼辣，意识顽强，尤能适应快速、凶猛打法的竞争环境。

南美派：巴西、阿根廷一直是南美的典型代表，其主要特点是：技术上，脚下功底深，动作细腻，灵活娴熟，并有良好的控球能力。善于在激烈的拼抢中以巧妙地摆脱和个人的运球突破对方，创造局部人数优势，造成以多打少。抢阻注重于稳妥，特别讲究出击时机和效果。战术上，整体进攻组织严密，以短传推进为主的配合方式快速通过中场，节奏感、特别是即兴应变力强。讲求突然性，表现在对方阵地防守中，善于抢点，以突然性进攻渗透防守，以不失时机地突然远射、冷射威胁球门。防守上追求集体作战，注重同伴间的保护与补位。身体上，具有与技术动作协调一致的灵活素质。同时，空间甚小的逼抢环境中，常常善于以灵活的身姿突破重围。此外，完成动作的爆发性力量和起动速度也十分突出。心理上，自信沉着，作风顽强，情绪稳定，思维灵活，具有适应现代足球凶抢的果敢品质。

足球比赛

欧洲拉丁派：欧洲和南美派两大流派的风格特点，各有其令人着迷之处。就近些年来足球发展的状况看，两大流派在各取对方之长，以丰富自身的风格特色。在这种追逐中，欧洲拉丁派便应运而生了。所谓欧洲拉丁派是指欧洲与南美流派技战术高度融合的一种派别。在这一流派中，目前普遍认为法国、意大利结合得较好，可谓是典型代表。

这一流派的最显著特点是：技术上融南美的娴熟、精巧、细腻与多变为一体；而在战术配合上，则更推崇欧洲的快速、简练和实效。

足球运动的益处

足球运动要求动作和反应都要快，要求根据形势变化来迅速改变动作，要求能急速起动和跑动，还要求能急停；迅速判断情况，掌握时机，等等。因此、在这样复杂而多变的比赛中，运动员神经系统的活动是非常紧张的，经过长期锻炼，就可以提高中枢神经系统的功能，动作变得灵敏，反应变得迅速。

同时，在瞬时万变的比赛场上，要能清楚地看清对方和我方队员的位置、距离、运动方向和速度；要精确判断球的距离、方向和速度等等，都必须有视觉参加。所以，经常从事足球运动，人们的运动感觉和视觉的功能将大大提高。在一场足球比赛中，运动员几乎经常在进行着奔跑、跳跃等激烈的肌肉活动。这样久而久之，随着训练水平的提高，则肌肉会变得更加结实有力。

此外，足球运动还有着陶冶性情、益智强身的功效。在激烈争夺的足球场上，集体的荣誉感，会使运动员忘记个人的一切。他深深知道，个人的一举一动，都关系着全队的胜负，任何的私心杂念，越轨行为，都将暴露在众目睽睽之下，遭到道义上的谴责。因此，足球运动有助于培养人的组织性、纪律性和集体主义精神。

在长期的奔跑、跳跃的影响下，心肌颁得强壮有力，安静时心跳次数减少，收缩一次排出的血液大大超过一般人；肺脏的功能也比一般人更好，呼吸变得深沉有力，每次排气量增加，肺活量也相应增大。还值得一提的是眼睛，在足球运动中，眼睛像足球一样不停地转动，时而远望，时而近瞄，瞬息之间，扫射四面，观看八方。这样，就增强了眼肌和晶状体的调节力量，使视觉功能大大提高。至于四肢百骸，肌肉筋骨，当然也无例外地都得到锻炼。足球运动的规模和特色，被人们誉为当今世界的"第一运动"。

足球竞赛场地

足球场地可采用天然草皮或人造草坪铺成。比赛场地边线外要有至少2米宽的草皮边缘，四周广告牌离场地边线的距离不得小于4米、离球门线后不少于5米。球门宽7.32米，高2.44米。球场中线的两侧各配置一个距边线至少6米的带顶棚的替补席。

（1）比赛场地必须是长方形，边线的长度必须长于球门线的长度。

长度：最短90米最长120米

宽度：最短45米最长90米

（2）国际比赛标准

长度：最短100米最长110米

宽度：最短64米最长75米

足球竞赛器械

1. 球

足球外壳一般用熟皮或其他适宜材料制成，内装充气橡皮胆，球体要圆，球的圆周为68～71厘米，重396～453克，充气后的压力等于0.6～1.1大气压。

比赛用球应准备两个，如果在比赛中，球爆破或漏气，比赛应暂停，待换新球后，在停时所在地点用坠球方法恢复比赛。

2. 服装

同队队员的服装（包括上衣、短裤和护袜）颜色必须一致，两队的服装要有明显区别，守门员的服装与双方队员及裁判员的服装要有明显不同。上场队员要穿足球鞋、戴护腿板，身体不能佩戴有伤害他人的饰物。另外还要求队员的上衣背后、前胸和短裤前面印有号码；队长要佩戴袖标。

足球赛的规则

90 分钟为一场，分为 45 分钟上下半场。若 90 分钟内决不出胜负，有的比赛（如淘汰赛）需要进入 30 分钟的加时阶段。若还是打平，那么就进入点球大战环节。点球大战中双方先互射 5 球，进球多者胜出。若 5 轮点球还是打平，则继续射点球。在之后这个过程中，只要一方射进一个球，而另一方一旦射失，比赛立即结束，射入最后一个点球方胜利。

其他规则：

1. 足球比赛安排有 3 名裁判，包括主裁判、边裁和助理裁判。主裁判有权出示黄牌、红牌。边裁主要负责监督出界，助理裁判主要负责换人、补时等。

2. 一个球员在比赛中轻微犯规则由对方在原处发球，犯规较严重则被主裁判出示黄牌警告。同一个球员在同一场比赛若被累计出示 2 张黄牌，则立即换成一张红牌被罚出场外，并且下一场比赛停赛。一个球员一次极为严重的犯规则会直接招致一张红牌离场。

3. 当比赛一方在没有犯规的时候将球送入对方球门，就得分。累计得分多者胜出。

4. 整个足球比赛过程中不能用手触及球。除了门将可以在自己禁区内用手扑救、接球，以及在球出了边线后由另一方用双手在边线外抛界外球。

5. 每场比赛一支球队最多可以换 3 个人。

6. 在足球比赛中发生的受伤、犯规、矛盾及其他事情，不影响计时，所损失的时间会在该半场 45 分钟后以补时的形式补回。一般是补 1 ~ 4 分钟。若出现恶劣情况，再决定是否中止比赛择日重赛或续赛。

足球运动基本技术

踢球是指运动者用脚的合理部位正确地击球，以达到传球和射门的目的。

简单地说，踢球就是用脚来接触球，但在这个过程中必须用脚的合理部位，既能踢着球，又避免使自己的脚受伤疼痛，同时又要把球给送到自己想让它去的地方。踢球是进行足球运动的最基本最重要的技术。同学们在学习踢球时，必须在一开始就掌握正确的技术。

助跑、支撑脚的站位、踢球腿的摆动、脚触球的部位和踢球后的随前动作是踢球过程的 5 个基本环节，同学们只有在认真、准确、协调地进行这 5 个基本环节之后，才能达到正确踢球的目的。现在将这 5 个环节分别解释如下：

（1）助跑。助跑就是在踢球之前为了获得更大速度的跑动。助跑主要分斜线助跑和直线助跑两种。在进行助跑时要注意逐渐调整好人与球之间的方向和位置关系，从而增加击球的力量。助跑的最后一步要大一些，为掌握脚的选位，增大摆动腿的速度，制动身体的前冲和提高踢球的准确性创造有利条件。

足球场

（2）支撑脚的站位。运动者所采用的踢球方法与其支撑脚的站位有密切的联系。凡采用的踢法需要踏在球的侧方时，一般距球为 10 ~ 15 厘米左右，凡采用的踢法需要踏在球的侧后方时，一般距球为 20 ~ 25 厘米左右。若所要踢的球处于运动状态中，则应考虑球的运动速度。当脚落地时，膝关节必须微屈，以保持身体平衡和重心稳定，若在支撑脚落地未及时平衡身体，则易造成踢球失误甚至跌倒。

（3）踢球腿的摆动：当支撑脚着地时，摆动腿由于助跑的速度顺势摆起，以踢球腿的髋关节为轴，大腿带动小腿，由后向前摆，在膝关节摆到接近球的垂直上方的一刹那或球的内侧垂直上方的一刹那，小腿加速前摆。踢球力量的大小，主要取决于踢球的摆动速度，速度协调性等。

（4）脚触球的部位：这其中主要包括脚触球和击球点两个因素。脚触球是指脚的部位如脚内侧、脚背侧等。击球点指球受击打的某一点。如球的后中部、后下部等。一般踢平直球时应击球的后中部。踢高球时则击球的后下部。无论怎样踢球，都要求脚和球接触的部位要准确。踢球时，脚的踝关节要紧张，这样才能提高踢球的准确性。

（5）踢球后的随前动作：踢球腿随球前摆送髋使整个身体继续前移，这样既易于控制出球方向和加大出球力量，又能缓和踢球腿的急速前摆而产生的前冲惯性，有利于维持身体的平衡。

知识点

气　压

气压是作用在单位面积上的大气压力，即等于单位面积上向上延伸到大气上界的垂直空气柱的重量。著名的马德堡半球实验证明了它的存在。气压的国际制单位是帕斯卡，简称帕，符号是 Pa。

延伸阅读

足球颠球技巧

每次看到一些人在那儿熟练地用脚颠足球的时候，是不是觉得很酷呢？其实你也可以做得到！

1. 踢用细绳系着的毽子

让学生一手握着绳子的一端，用两脚面交替踢系着毽子的绳的另一端。要求动作同脚部颠足球。这样做的目的，一是发展下肢与脚部动作的灵活性和协调性，为脚部颠足球建立初步的动作条件反射；二是增加学生的有效练习时间，提高练习兴趣，活跃课堂教学气氛。

2. 踢毽子练习

在学生能熟练踢用绳系着的毽子后，取掉绳子，用两脚面交替踢毽子，动作同颠球。目的是提高下肢和脚步协调交替用力和随机控毽的能力，初步

建立动力定型。

3. 踢沙包练习

在能灵活自如踢毽子的重要条件下，换小沙包，动作同上。目的是增加脚步上踢的力量，刺激增进下肢和脚部神经肌肉协调运动能力。

4. 颠手球练习

在熟练掌握踢沙包的基础上，让学生改换颠手球。目的是在与脚部接触面变大，且接触部分在同一时间不同位置下，提高脚面与下肢和神经系统协调控球能力，为接着颠足球练习建立牢固的动力定型，同时为脚部颠球动作自动化顺利过渡做合理的技术辅垫。

乒乓球

乒乓球运动于 19 世纪末起源于英国。最初只是一种活动性游戏，球用轻而富有弹性的材料制成，拍子用雪茄烟盒盖之类的木质板制成，像打网球一样在桌上打，故称之为"桌上网球"。1900 年左右，由于轻工业的发展，球才改成用赛璐珞制成的空心球。此后，乒乓球运动逐步发展起来。

第一次大型乒乓球比赛于 1900 年 12 月在英国伦敦举行，参加比赛的有300 多人。有意思的是，当时的比赛，男运动员要穿上浆领子的衬衣和坎肩，女运动员要穿裙子甚至还要戴帽子。

1926 年，国际乒乓球联合会正式成立，同年，欧洲锦标赛在伦敦举行，匈牙利获得优胜。

乒乓球运动的发展大约经历了 3 个阶段。

初期，运动员使用的球拍虽形状各异，但都是木制的，击出的球速度慢、力量小，谈不上什么旋转，打法也单调，只是把球推来推去。

1903 年，英国人古德发明了胶皮球拍，极大地促进了乒乓球技术的发展。1926—1951 年，世界各国选手大都使用表面有圆柱形颗粒的胶皮拍。击球时增加了弹性和摩擦力，可以使球产生一定的旋转，因而出现了削下旋球的防守型打法。这一打法在欧洲流行长久，不少运动员采用这种打法获得了世界冠军。

这一时期乒乓球运动的优势在欧洲，其中匈牙利队成绩最突出，在 117 项次世界冠军中，他们获 57.5 项次，占欧洲队的一半。

20 世纪 50 年代初，奥地利人发明了海绵球拍。日本运动员在世界比赛中首先使用了这种球拍，并一举夺得 1952 年第 19 届世界锦标赛的 4 项冠军，打破了欧洲运动员

乒乓球与球拍

的垄断地位。由于日本运动员利用这种球拍创造的远台长抽进攻型打法，具有正手攻球力量大、速度快、发球抢攻威胁大等优点，因而速度慢、旋转弱、攻击力不强的欧洲防守型打法逐渐被取代，使日本夺得了 50 年代乒乓球运动的优势。1952—1959 年，在 49 项次世界冠军中，日本队夺得 24 项次。这是乒乓球运动水平的第 1 次大提高。

1959 年，我国选手容国团获得了第 25 届世界乒乓球锦标赛男子单打冠军后，中国运动员开始登上了国际乒坛，逐渐形成了以"快、准、狠、变"为技术风格的直拍近台快攻打法。在 1961 年第 26 届世界锦标赛中，中国队既过了欧洲关，又战胜了远台长抽加秘密武器——"弧圈球"打法的日本选手，第一次夺得了男子团体世界冠军，并连续获得第 27 届、第 28 届男子团体冠军。中国近台快攻的优点是站位近、速度快、动作灵活、正反手运用自如，比日本远台长抽打法又大大前进了一步。20 世纪 60 年代，中国乒乓球技术水平位于世界最前列，乒乓球运动的优势由日本转移到中国。这是乒乓球运动水平的第 2 次大提高。

在日本、中国乒乓球运动发展的同时，欧洲运动员从失败中总结经验教训，经过近 20 年的努力，终于取日本弧圈球技术和中国近台快攻打法之长，创造出适合于他们的先进打法：即以弧圈球为主结合快攻的打法（代表人物是匈牙利的克兰帕尔和约尼尔）和以快攻为主结合弧圈球的打法（以正反手快攻为主要技术，用反手快拨快攻力争主动，以正手拉弧圈球寻找机会扣杀为得分手段，代表人物是瑞典的本格森、捷克的奥洛夫斯基等）。这两种打法的特点是旋转较强、速度快，能拉能打，低拉高打，回旋余地较大。乒乓

TIYU ZHISHI BOLAN

球运动又推进到旋转和速度紧密结合的新高度。这是乒乓球运动水平的第 3 次大提高。

20 世纪 70 年代以来，由于国际交往和学习研究的加强，各种打法互取长短，使乒乓球技术得到了更快的发展和提高。比如，我国近台快攻、直拍快攻结合弧圈球、横拍快攻结合弧圈球等打法和技术，均有所发展和创新，在国际比赛中取得了优异的成绩。

现在，乒乓球已发展成为各国人民喜爱的运动项目之一。国际乒乓球联合会亦已拥有 127 个会员协会，是世界上较大的体育组织之一。由国际乒联和各大洲乒联举办的世界锦标赛、世界杯赛、洲际比赛及各种规模和形式的国际比赛不胜枚举。1982 年，国际奥委会关于从 1988 年起把乒乓球列为奥运会正式比赛项目的决定，激起了世界各国对乒乓球运动的进一步重视，推动了乒乓球运动更快地发展。

兵乓球竞赛场地

应不小于 14 米长、7 米宽、5 米高，应有 75 厘米高的深色挡板围起。光源距地面不得少于 5 米。从台面高度测得的照明度不得低于 1000 勒克斯，四周应为暗色。

兵乓球竞赛器械

（1）球台。上层表面叫做"比赛台面"，是与水平面平行的长方形，长 2.74 米、宽 1.525 米，距离地面高度为 76 厘米。台面可用任何材料制作，但应具有均匀一致的弹性。

（2）球网。包括悬网绳、网柱及将它们固定在球台的夹钳部分。整个球网的顶端距台面为 15.25 厘米，网长为 183 厘米。

乒乓球球台

（3）球。应为圆球体，重 2.79 克，直径 40 毫米，呈白色或橙色。应用赛璐珞或类似塑料制成，且无光泽。

（4）球拍。大小、形状和重量不限。击球的拍面应用颗粒向内或向外的海绵胶覆盖，连同黏合剂，厚度不得超过 4 毫米，必须无光泽，且一面为鲜红色，另一面为黑色。

乒乓球竞赛主要规则

（1）选择发球、接发球和球台哪一边的权利应由抽签来决定。中签者可以选择先发球或先接发球，或选择球台哪一边或者要对方先行选择。

（2）在单打中，首先由发球员合法发球，再由接发球员合法还击，然后两者交替合法还击。在双打中，首先由发球员合法发球，再由接发球员合法还击，然后由发球员的同伴合法还击，再由接发球员的同伴合法还击，此后，运动员按此次序轮流合法还击。

（3）一场比赛采用五局三胜制或七局四胜制。

（4）在一局比赛中，先得 11 分的一方为胜方。10 平后，先多得 2 分的一方为胜方。

（5）对方发球或还击后，本方运动员必须击球，使球直接越过或绕过球网装置，或触及球网装置后，再触及对方台区。

（6）裁判员技术用语。练习 2 分钟、停止练习、时间到、暂停、侧面、交换方位、准备、发球、擦网、重发球、发球犯规、两跳、连击、擦边球、阻挡、得分、台面移动等。

乒乓球运动的好处

安全：由于乒乓球是隔网对抗，所以它比足球、篮球等有身体接触的体育项目更有安全性，适合于喜欢健身的中老年爱好者。

强身：乒乓球运动能全面锻炼人的身体，使人体的呼吸系统、消化系统及运动系统等得到全面锻炼。

益智：乒乓球运动在发展人体的速度、灵敏、力量、耐力、协调等身体素质的同时，也能锻炼和培养人们的勇敢、顽强、机智、果断等良好的心理品质。

协作：乒乓球运动使人的反应更快，思维更敏锐，动作更协调，乒乓球

比赛中的双打还可以加强团队合作的精神，培养两人的默契感。

舒心：打乒乓球还能调节人的情绪，使人心情愉快，性格开朗大方；能开发人体大脑智力，提高思维能力，促进智力发展。

乒乓球运动基本技术

在我国，乒乓球是普及率较高的运动项目之一。在学校里基本上都有乒乓球场地和设施，而有意愿学习打乒乓球的同学数量也相当多。要想打一手漂亮的好球，首先要掌握基本技术，以右手直握球拍为例：

1. 正手攻球

应稍靠近球台，左脚在前，右脚在后，两脚距离因人而异，一般以一步为佳，上体稍向右侧，重心落在右脚上；当球从台面弹起，前臂和手腕以肘部为中心向左前上方挥动球拍，在来球上升中或升至最高点时击球的中部偏上，不可等来球下降再击球，否则，会出现击球不准或漏球。在发力击球的一刹那，应同时蹬腿转腰，重心迅速转移至左脚，借助腰部力量击球，出击时要狠、准，而不能犹豫。球击出后，要立即还原成基本站位姿势，准备下一次击球。

2. 反手推挡

运动员稍微靠近球台，两脚平行，距离以一肩半宽为佳，挥拍动作不宜太大，持拍手上臂和肘关节稍内扣，前臂略内旋。击球时手臂快速迎上，手腕根据来球速度来确定外旋的程度，食指压住球拍，其他手指协助握拍，最好在来球反弹的上升期击球，击球时应迅速有力，特别要掌握手腕的力度，触球中上部，身前稍向上发力，击球后臂要顺势前送，然后迅速还原，为下一轮击球作准备。

3. 正手侧旋弧圈球

近台站位，左脚在前，右脚在后，两膝微屈，重心应放在右脚上，当来球从台面上弹起时，球拍与台面成30°夹角，手臂自右外侧向左前上方引拍摩擦球的偏右面，在拉侧旋弧圈时，根据击球点不同，则拉出来的球旋转角度也将有所区别，如击球的右中部或右中上部，拉出的球是侧上旋，如果击球的中下部，以向内向前发力为主，则可拉出侧下旋弧圈球，运动员训练时应注意手法，用心体会。

4. 反手拉弧圈球

左脚退后一小步站立，两膝微屈重心略为下降，将球拍放在腹下方，肘部略向前凸，手腕下垂并稍微内收，拍与球面成75°角，当球从台面弹起时，以肘关节为轴，手腕迅速发力，前臂一起上挥，手腕向右前上方转动，在来球的下降期，用球拍的反面摩擦球的中上部，将球击出过网，击球后，重心放在两脚之间。

5. 正手前冲弧圈球

左脚向前，右脚在后，两膝微屈，重心靠近右腿，手臂握拍高出台面，球拍与地面约形成75°~85°夹角。当来球从台面上弹起时，右脚发力，腰部转移带动手臂，当动量传递手腕时，触球瞬间，手腕向右前方稍微转动，然后猛然加速，在球上升后期或至最高点时球拍摩擦球的中上部将球击回。

知识点

锦标赛

锦标本是锦制的标旗，后泛指授给竞赛优胜者的奖品。锦标赛亦称"单项锦标赛"、"冠军赛"，运动竞赛的一种。为检查某一单项运动发展情况和训练成绩定期举行的比赛。国际锦标赛由各运动项目的国际组织定期举行。国家锦标赛由国家主管体育运动的机关或各项运动的全国性协会定期举行。

延伸阅读

如何控制击球的力度

乒乓球运动是一项技巧性要求很高的体育运动，对于力量运用的要求也

TIYU ZHISHI BOLAN

是如此。除了我们需要爆发力之外，更需要讲究力量的运用，这是提高击球质量，保证击球准确性的重要环节。

1. 从打法来说：

（1）一般的攻球，如近台快攻、扣球时，均以撞击力为主，用力方面要尽量接近球心。

（2）一般的旋转球，如弧圈球、搓球等，则以摩擦为主，用力方面要远离球心些。

2. 从击球距离和不同打法来说：

（1）近网短球以腕发力为主。

（2）近台球和以快为主的打法，如近台快攻、推挡等，以前臂发力为主；以力量为主（如扣球）和拉弧圈球的打法，则以大臂发力为主并带动前臂。

（3）离台较远的球，如中、远的拉球和攻球，都以大臂发力为主带动前臂。

3. 根据战术的需要调节击球力量：

（1）发力：依靠自己的挥拍速度，在击球的瞬间发挥出爆发力，使球产生最快的速度和最大的力，这是在比赛中运用最多的得分手段。

（2）借力：借对方来球的力量把球回击过去。

羽毛球

现代羽毛球运动诞生于英国，19世纪中叶，由网球派生而来。1870年，出现了用羽毛、软木做的球和穿弦的球拍。1873年，英国公爵鲍弗特在格拉斯哥郡伯明顿镇的庄园里进行了一次羽毛球游戏表演。从此，羽毛球运动便逐渐开展起来。

1875年，世界上第1部羽毛球比赛规则出现在印度的浦那。3年后，英国又制定了更完善和统一的规则。

1893年，世界上最早的羽毛球协会——英国羽毛球协会成立，并于1899年举办了全英羽毛球锦标赛。

羽毛球运动

1934 年，由加拿大、丹麦、英国、法国、爱尔兰、荷兰、新西兰、苏格兰和威尔士等国家和地区发起成立了国际羽毛球联合会，总部设在伦敦。随后羽毛球运动逐步流传到美洲、亚洲、大洋洲各国，最后传到非洲。

随着国际羽毛球联合会的成立，1948—1949 年度举行了第 1 届汤姆斯杯比赛；1956—1957 年度举办了第 1 届尤伯杯比赛；1977 年举办了第 1 届世界羽毛球锦标赛；1979 年举办了第 1 届世界杯团体赛。这就是当今羽毛球运动的四大国际比赛。

新中国成立前羽毛球运动由基督教青年会传入中国，当时只在上海、北京、广州、天津等城市的基督教青年会及大中学校中开展。1953 年，在全国球类运动大会上进行了羽毛球表演赛，从此羽毛球运动在我国有了飞速的发展，出现了一大批优秀的羽毛球运动员。至今，我国已成为世界羽毛球运动强国。

羽毛球有许多打法，是锻炼身体、提高视力的全能运动。

单打的打法类型

单打的打法是根据比赛者的个人技术特点、身体素质、心理素质等条件而形成的技术打法，常见的大约有以下 5 种：

1. 控制后场，高球压底

从发球开始就运用高远球或进攻性的平高球压对方后场底线，迫使对方后退，当对方回球不够后时，以扣杀球制胜；或当对方疏于前场防守时，就可以以轻吊、搓球等技术在网前吊球轻取。轻吊必须在若干次高远球大力压住后场，对方又不能及时回到前场的基础上进行。这种打法主要是力量和后场的高、吊、杀技术的较量。对初学者，这是一种必须首先学习的基础打法。

2. 打四角球，高短结合

在后场，以高远球、平高球和吊球，在前场则以放网前球、推球和挑球准确地攻击对方场区前后左右4个角落，调动对方前后左右奔跑，顾此失彼，待对方来不及回中心位置或回球质量差时，向其空档部位发动进攻制胜。这种打法要求进攻队员具有较强的控制球落点的能力和灵活快速的步法，有速度，否则难占上风。

3. 下压为主，控制网前

主要通过后场的高远球、扣杀、劈杀、吊球等技术，先发制人，然后快速上网以搓、推、扑、钩等技术，高点控制网前，导致对方直接失误，或被动击球过网，被进攻队员一举击败的一种打法。通常也称"杀上网"的打法。这种打法是进攻型的打法，能够快速上网高点控制网前，速度耐力和力量耐力也要求较高。这种打法，体力消耗较大，如果碰上防守技术好的对手，体力就往往成为成败的关键因素。

4. 快拉快吊，前后结合

以平高球快压对方后场两底角，配合快吊网前两角（或运用劈杀）引对方上网，当对方被动回击网前球时，即迅速上网控制网前，以网前搓、钩球结合推后场底线两角，迫使对方疲于应付，为前场扑杀和中、后场大力扣杀创造机会。这也是一种积极主动、快速进攻的打法。这种打法，要求运动员身体素质好，特别是速度耐力要好，技术全面熟练，而且还具备突击进攻的特长技术。

5. 守中反攻，攻守兼备

以平高球和快吊球击向对方前后左右4个角落，以调动对方。让对方先进攻，针对进攻方打的高远球、四方球、吊球等，加强防守，以快速灵活的步法、多变的球路和刁钻准确的落点，诱使对方在进攻中匆忙移动，勉强扣杀，造成击球失误，或当对方回球质量较差时，抓住有利战机，突击进攻。这种打法要求队员具有攻中有守、守中有攻的控球和反控球能力，不仅应具备优良的速度耐力、灵活的步法、准确快速的反应和判断应变能力，更应具有顽强的拼搏精神和心理素质，这样才能在逆境和被动中保持沉着冷静，并奋起反击。

双打的打法类型

双打打法是根据双方的技术水平、身体素质和心理素质以及伙伴的配合特点，经过长期训练而形成的。常见的大致有以下 3 种：

1. 前后站位打法

此打法基本上是本方处于发球时所采用。发球的队员站位较前。当发球员发球后立即举拍封堵前场区，另一名球员则负责中场或后场的各种来球。前后站位法可充分运用快攻玉网前搓、吊、推、扑技术，寻找空隙，一举打乱对方站位；或通过后攻前扑，后场连续大力扣杀，前场积极封堵，当回球在网附近时，一举给以致命打击。

2. 左右站位打法

本打法基本上为本方处于接发球状态和受到下压进攻时所采用。对方发球或打来的平高球处于后场，接球方可从原来的前后站位立刻转换为左右站位，两人各负责左右半场区的防守，以平抽、平打压住对方后场底线两角，在对方扣杀球时也能以平抽反击或挑高远球至两底角，造成对方回球无力，一举扣杀或吊球成功。

3. 轮转站位打法

在比赛中，攻守双方总是根据比赛的情况而不断地在前后站位和左右站位间相互变换。对于站位的变换通常具有如下特点：

（1）发球或接发球时前后站位。当对方回击高球至后场偏一侧进攻时，位于前面的队员要直线后退，后方的队员看情况向侧移动，改换成左右站位。

羽毛球双打

（2）发球或接发球时处于左右平行站位。在发球后或在对击球过程中，一旦有机会进行下压进攻时，一名球员便快速上网封堵，另一人则快速移动到后场进行大力扣、吊、杀球，导致对方处于被动地位。

羽毛球竞赛场地

羽毛球场地长 13.4 米，单打宽 5.18 米，双打宽 6.10 米，中间横隔长方形的球网（网高 1.524 米）；运动员各占半个场区，每个场区划有前、后发球线；中线把场区分成左、右发球区，两边网柱高 1.55 米。

羽毛球竞赛器材

羽毛球拍由拍柄、拍弦面、拍头、拍杆、连接喉组成，拍框长度不超过 68 厘米，宽不超过 23 厘米；拍弦面长不超过 28 厘米，宽不超过 22 厘米。

羽毛球重 4.74～5.5 克，由 16 根羽毛插在半球形的软木上。球托直径 2.5～2.8 厘米，底部为圆形。羽毛顶端围成圆形，直径为 5.8～6.8 厘米。羽毛应用线或其他适宜材料扎牢。

羽毛球运动适合于男女老少，运动量可根据各自年龄、体质、运动水平和场地环境的特点而定。青少年可作为促进生长发育、提高身体功能的有效手段进行锻炼，运动量值为中强度，活动时间以 40～50 分钟为宜。

羽毛球竞赛规则

1. 计分方法

除非另有规定，一场比赛一般以三局两胜定胜负。

对方"违例"或球触及对方场区内的地面成死球，则该方胜这一回合得到一分。

先得 21 分的一方胜该局，如果双方分数是 20 平的话，那么能够连续得 2 分的一方胜；如果分数一直持续到 29 平的话，先到 30 分的一方胜该局。

一局的胜方在下一局首先发球。

2. 发球

一旦发球方和接发球方做好准备，任何一方都不得延误发球，发球方和接发球方应站在斜对角的发球区内，脚不得触及发球区和接发球区的界线，从发球开始，至发球结束前，发球方和接发球方的两脚都必须有一部分与场地的地面接触，不得移动。

3. 违例

以下情况均属违例：

（1）不合法发球。

（2）发球时，发球员发球未击中球、球挂在网上或停在网顶、球过网后挂在网上、接发球员的同伴接到球或被球触及。

（3）比赛进行中，球落在场地界线外（即未落到在界线上或界线内）；从网孔或网下穿过；不过网；触及天花板或四周墙壁；触及运动员的身体或衣服；触及场地外其他物体或人等。

（4）比赛进行中，运动员的球拍、身体或衣服，触及球网或球网的支撑物；球拍或身体，从网下侵入对方场区（击球时，球拍与球的最初接触点在击球者网这一方，而后球拍随球过网的情况除外）；球拍或身体，从网上侵入对方场区，导致妨碍对方和分散对方的注意力；妨碍对方，即阻挡对方紧靠球网的合法击球；故意分散对方注意力的任何举动，如喊叫、故作姿态等。

打羽毛球的好处

长期进行羽毛球锻炼，可使心跳强而有力，肺活量加大，耐久力提高。同时也能提高人体神经系统的灵敏性和协调性，增强心血管和神经系统的功能。

有人说羽毛球运动是一项能够让人眼明、手快、全身得到锻炼的体育项目，这种说法非常贴切。

长期练习羽毛球的人都会有这种感受：通过经常观察对手挥拍情况和高速飞行中的球，有经验的运动员能像武林高手一样，在对手击球的一瞬间看清楚球拍翻转变化的微小动作。其实，让人练得"眼明手快"的原因很简单：因为运动中的羽毛球速度很快（据统计，一名优秀运动员的击球速度能达到每小时350千米。），这就要求对方球员的眼睛紧紧追寻高速飞行的球体，眼部睫状肌不断收缩和放松，大大促进了眼球组织的血液供应，从而改善了睫状肌功能，长期锻炼就能提高人的视觉灵敏度和眼睛的反应能力。对于普通爱好者，如果能坚持练习，视觉敏感度将会明显提高。

另外，运动中锻炼者需要运用手腕和手臂的力量握拍和挥拍，还要充分活动踝关节、膝关节、胯关节等部位，做出滑步、踮步和弓箭步等各种步态，

TIYU ZHISHI BOLAN

所以对于全身肌肉和关节的锻炼也是很充分的。在捡球、接球的过程中，不断地弯腰、抬头等动作，使腰部、腹部的肌肉也能得到充分锻炼。

美国大学运动医学会（ACSM）提出，要达到全身减肥的目的，每天应该做30分钟以上，每分钟心率为120～160次的中低强度有氧代谢运动。对于普通羽毛球爱好者来说，这恰恰相当于一场低强度单打比赛的运动量。所以，长期进行羽毛球锻炼，除了能使心血管系统和呼吸系统功能得到加强外，减肥功效也是很显著的。

汤姆斯杯羽毛球赛

　　汤姆斯杯羽毛球赛是世界上最高水平的男子羽毛球团体赛，亦即世界男子羽毛球团体锦标赛，由原国际羽联创办于1948年。每两年举办一次。1934年国际羽联成立时，英国人乔治·汤姆斯被选为主席。5年后，汤姆斯在国际羽联会议上提出，组织世界性男子团体比赛的时机已成熟，并表示将为这一比赛捐赠一个奖杯，称为"汤姆斯杯"。

羽毛球的选球标准

羽毛球的主要质量指标有3个：飞行稳定性、飞行速度和耐打度。

飞行稳定性的定义是：羽毛球实际飞行轨迹与理论轨迹的偏差，简称稳定性。羽毛球在飞行状态下自身摇摆的程度分为4个级别（四档）：

A级飞行：是羽毛球在飞行状态下，自身完全没有摇摆（晃动）；飞行轨迹是一条标准的直线（俯视平面看）；羽毛球自身转速达到350转/分左右（直到飞行处于自由落体阶段时，仍不能十分清楚地看到羽毛球的毛杆部分）。

B级飞行：是羽毛球在飞行状态下，自身只有微小程度的摇摆（小晃动），飞行轨迹基本是一条标准的直线（俯视平面看），羽毛球自身转速达到350转/分左右，直到飞行处于自由落体阶段时，仍不能十分清楚地看到羽毛球的毛杆部分。

C级飞行：是羽毛球在飞行状态下，自身会有小摇摆（较明显地晃动）；飞行轨迹基本是一条直线（俯视平面看）；羽毛球自身转速达到300转/分左右（直到飞行处于自由落体阶段时，可能会较清楚地看到羽毛球的毛杆部分）。

D级飞行：是羽毛球在飞行状态下，自身会有明显的摇摆（明显的晃动）；飞行轨迹不定（从俯视平面看）；羽毛球自身转速有快有慢。不能达到上述3种飞行标准的均属于D级飞行球。

羽毛球的落点通常是用飞行速度来表示，而速度又是用羽毛球的重量间接来表示，例：球筒上标明50或77是指球的重量为5.0克或77格林（欧洲重量单位）。北京地区冬季一般要用5.1克或78格林的球，夏季要用5.0克或77格林的球。广东地区冬季要用5.0克或77格林的球，夏季要用4.9克或76格林的球。球友要根据自己所在地区的气温与球馆的温度来确定购买何种速度的球。

考量何种品牌球的工艺性比较好，有一个办法——看看一打球的重量是否一致，基本就可以确定球的工艺水准了（12只球每个重量，误差仅为0.1克）。

羽毛球是个"昂贵的"运动。所以羽毛球的耐打度是一个非常重要的质量指标。对于耐打性，一般来说从以下几个方面来考量：

正常双打情况下，不小心打在毛叶上，羽毛不会立即就断掉；双打比赛一般情况下一只球可以很顺利地打完一局球，单打比赛一般可以打完两局球；大力杀球的情况下，只要不是劈杀球（球拍面与羽毛球侧面接触），一般情况下要能抵挡业余球手20拍以上的杀球，要能抵挡专业球手12拍以上的杀球。此时球的飞行稳定性应该还没有很大的改变，球还能继续使用一段时间；羽毛球两道线圈的胶水含量如何用肉眼判断呢？一般来说，眼睛直观地看上去，线圈的线迹基本被胶水补满（量化一下，就是胶水固含量0.55～0.6克），就可认为是较好的球，如果仍能看到勾线的痕迹，就证明胶水很少，以致于耐打度下降。

网　球

　　网球运动最早起源于 12—13 世纪的法国。传教士在教堂回廊以手掌击打一种类似于球的物体，以增加生活的乐趣。渐渐地这种游戏传入法国宫廷中，成为皇室贵族的消遣活动。而后游戏场地移到室外，在一块开阔地中间架起一根绳子为界，用手把布裹着头发做的球丢来丢去。

　　14 世纪中叶这种球类游戏从法国传入英国宫廷。从那时起，网球开始在英国流行，成为上层社会的一种娱乐活动，所以有"贵族运动"的雅称。

　　15 世纪改用木板替代手掌击球，并很快出现了一种羊皮纸做拍面的椭圆形球拍。至 17 世纪初，场地中间的绳子改用小方格网子，拍子改用穿线的网拍，使之富有弹性且轻巧、方便。

　　英国少校米·温菲尔德在羽毛球运动的启示下，改进了早期网球的打法，设计了一种适用于户外的，男女都可以从事的网球运动，当时叫做司法泰克；并出版了《草地网球》一书，提出了一套类似于现代网球的打法。

　　1874 年英国玛丽勒本板球俱乐部为这项运动制定了一系列规则。从此，草地网球正式取代了司法泰克。1877 年在英国伦敦郊外温布尔顿举办了首届草地网球锦标赛，即温布尔顿草地网球锦标赛。1881 年美国成立了世界上第一个全国性的网球协会，每年定期举办一些比赛。1878 年以来，草地网球传至全世界。在 19 世纪 90 年代中期，网球进入了初步发展的阶段，许多国家和地区组织了网球协会，并定期举行比赛。

　　1913 年 3 月 1 日在法国的巴黎成立了世界网球的最高组织——国际网球联合会（英文缩写为 ITF，简称国际网联）。1972 年成立世界男子职业网球协会（英文缩写 ATP）。1973 年成立国际女子职业网球协会（英文缩写 WTA）。

　　1896 年在雅典举行的首届现代奥运会上，男子网球单、双打就被列为正式项目。1900 年第 2 届奥运会开始有女性参加网球比赛。到 1928 年的第 9 届奥运会，由于国际奥委会和国际网联在职业和非职业球员的界定上出现分歧，连续 7 届的网球项目被取消。直到 1988 年的汉城奥运会上网球方重新被列为正式比赛项目。

网球竞赛场地

网球场地分为硬地、软性场地、草地、人造场地、合成塑胶、网球地毯六种。

球场是一个长方形，长 23.77 米，宽 8.23 米。用球网将全场横隔为二等区，球网悬挂在直径不超过 0.8 厘米的绳或钢丝绳上，球网两端悬挂或越过在直径不超过 15 厘米的圆形网柱或边长不超过 15 厘米的正方形网柱顶上。网柱高不得超过网绳顶部 2.5 厘米。网柱中心距边线外沿 0.914 米。网柱高度应使网绳或钢丝绳的顶部距地面 1.07 米。

当一兼有双打和单打的场地挂着双打球网用于单打时，球网必须用高度为 1.07 米的两根支柱支撑，这两根支柱称为"单打支柱"。它的直径或边长不得超过 7.5 厘米，单打支柱中心距单打场地边线外沿 0.914 米。而双打场地应为 10.97 米宽，比单打球场每边多 1.37 米。两发球线间的单打球场边线为发球区的边线。

网球竞赛器械

（1）球场固定物。球场固定物包括球网、网柱、单打支柱、绳或钢丝绳、中心带、网边白布，还包括球场周围的挡网、看台、固定的或可移动的座位或坐椅及占有人；安置在场地周围上空的设备以及在各自位置上的裁判员、辅助裁判员、脚误裁判员、司线员、拾球员等。

（2）球。球为白色或黄色，外表毛质均匀，接缝处没有缝线。球的直径是 6.35～6.67 厘米，重量是 56.7～58.5 克。球的弹力为：从 2.54 米的高处自由落下时，能在混凝土地面上弹起 1.35～1.47 米；气温在 20℃时，如果在球上加压 8.165 千克，推进变形应大于 0.56 厘米、小于 0.74 厘米，复原变形应大于 0.89 厘米、小于 1.08 厘米。此二变形值为对球之三轴所施的各试验读数平均值，第 2 读数不得相差 0.08 厘米。

在海拔 1219 米以上地方比赛时，可以使用另外两种球。第 1 种球落地后弹起的高度应大于 121.92 厘米、小于 135 厘米，其他规格同上述所述，其球内压力应大于外界压力。这种球通常称之为"有压球"。第 2 种球落地后弹起的高度应大于 135 厘米、小于 147 厘米，其他规格同上所述，其球内压力

几乎和外界压力相同，并且已置于特殊比赛的气压下有 60 天或更长时间。这种球通常称之为"零压球"或"无压球"。

（3）球拍。球拍如不符合下列规格，则不得在比赛中使用。

①球拍的击球面必须是平的，由弦线上下交替编织或联结组成，其组成格式应完全一致。每条弦线必须与拍框联结，特别是穿线后其中心密度不能小于其他任何区域密度。

弦线不应有附属物或突起物。如有附属物，只限用于限制或防止弦线的磨损、振动或分散重力，其大小和布置均应合理。

网球比赛

②拍框和拍柄的总长不得超过 81.28 厘米，总宽不得超过 31.75 厘米。拍框勾沿总长不得超过 39.37 厘米，总宽不得超过 29.21 厘米。

③拍框包括拍柄，不应有附属物或设备。如有附属物或设备，只限用于限制或防止拍和拍柄的磨损、振动或分散重力。任何附属或设备，其大小和布置必须合理。

④拍框包括拍柄和弦线，在每一分的比赛期间，不应有任何可使运动员实质上改变其球拍形状或改变其重力分配的设备。

（4）球网。球网应充分展开，完全填满两柱之空隙，网孔大小以不让球穿过为准。球网中央高 0.914 米，并用不超过 5 厘米宽的白色中心带绷紧于地面。网顶的绳或钢丝绳要用白色网边布包缝，每边宽不得少于 5 厘米，也不得多于 6.3 厘米。在球网、中心带、网边白布或单打支柱上均不得有广告。

网球竞赛规则

1. 发球员和接球员

运动员应各自站在球网的一边，先发球的运动员叫做发球员，另一边的运动员叫做接球员。

2. 选择权

第一局比赛用掷钱币的方法来决定选择场区或首先发球权、接发球权。得胜者，有权选择或要求对方选择。

（1）选择发球或接发球者，应让对方选择场区。

（2）选择场区者，应让对方选择发球或接发球。

3. 发球

发球应按下列方法将球发送出去：发球员在发球前，应先站在端线后、中点和边线的假定延长线之间的区域里，然后用手将球向空中任何方向抛起，在球接触地面以前用球拍击球（仅能用一只手的运动员，可用球拍将球抛起），球拍与球接触，就算完成球的发送。

4. 脚误

发球员在整个发球动作中：

（1）不得通过行走或跑动改变原来站的位置。发球员发球时两脚轻微移动而未变更原位，不算行走或跑动。

（2）两脚只准站在端线后、中点和边线的假定延长线之间，不能触及其他区域。

（3）脚是指踝关节以下部分。

5. 发球员的位置

每局开始发球时，发球员应先从右区端线后发球；得（失）一分后，应换到左区发球。这样每得（失）一分就轮流交换发球位置。如发球位置错误而未察觉，比分仍然有效；一旦察觉，应立即纠正。

6. 发球失误

发球时发生下列任何一种情况，均判失误：

（1）发球员没有按照正确的方法发球。

（2）未击中球。

（3）发出的球，在落地前触及固定物（球网、中心带、网边白布除外）。

7. 第 2 次发球

发球员第 1 次发球失误后，应在原发球位置进行第 2 次发球。如第 1 次发球失误后，发觉发球位置错误时，应按规则第九条改在另一区发球，但只能再发一次球。

8．发球时间

发球员须待接球员准备好后，才能发球。接球员做还击姿势就算已做准备；如接球员表示尚未准备，即使所发的球没有落到发球区内，他也不能要求判此球失误。

9．重发球和重赛

凡根据规则必须重发球或比赛受到干扰时，裁判员应呼叫"重发球"。对此可作下列解释：

（1）宣报发球无效时，仅该球不算，重发球。

（2）其他情况下，该分重赛。

10．发球无效

下列任何一种情况，应判发球无效，并重发球：

（1）合法的发球触及球网、中心带、网边白布后，仍落到对方发球区内，或发球触及球网、中心带、网边白布后，在落地前触及接球员身体或穿带物件。

（2）不论发出的球成功还是失败，接球员均未作准备。如重发球，则那次发球不予计算，但原先的第一次发球失误不予取消。

11．发球次序

（1）单打发球次序

第1局比赛终了，接球员成为发球员，发球员成为接球员。以后每局终了，均依次互相交换直至比赛结束。如发球次序发生错误时，发觉后应立即纠正，由应轮及发球的球员发球。发觉错误前双方所得的分数都有效。如发觉前已有一次发球失误，则不予计算。如一局终了才发觉次序错误，则以后的发球次序就以该局为准按规定轮换。

（2）双打发球次序

应在每盘开始之前，决定发球次序如下：

①每盘第1局开始时，由发球方决定由何人首先发球，对方则同样地在第2局开始时决定由何人首先发球。②第3局由第1局发球方的另一球员发

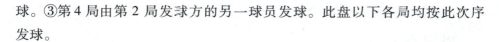

球。③第4局由第2局发球方的另一球员发球。此盘以下各局均按此次序发球。

12．胜一局

运动员每胜一球得一分，胜第1分记分15，胜第2分记分30，胜第3分记40，先得4分胜一局。但遇双方各得3分时，则为"平分"。"平分"后，一方先得一分时，为"该运动员占先"。"占先"后再得一分，才算胜一局；如一方"占先"后，对方又得一分，则仍为"平分"。依此类推，直到一方在"平分"后净胜两分结束该局。平分决胜：40∶40分时，由接发球方选择接发球区，此分的胜者赢得此局。

13．胜一盘

一方先胜6局为胜一盘。但遇双方各得5局时，一方必须净胜2局才算胜一盘，通常应用于大满贯比赛的决胜盘中。

决胜局计分制如下：

（1）单打：①先得7分者为胜该局及该盘。若分数成6∶6平时，比赛须延长到某方净胜两分时止。决胜局应全部采用数字计分制。②该轮及的发球员发第1分球，然后由对方发第2分及第3分球；此后轮流交替发球，每人连发两分球，直至决出该局与该盘的胜负为止。③该轮及的发球员在右区发第1分球后，即改由对方依次在左区和右区发第2、第3分球；此后轮流交替发球，每人连发两分球，其中第一分球均应在左区发球。如果出现从错误的半区发球，在发觉前已得的分数均有效，但在发觉后应立即纠正错误的站位。④运动员应在双方分数相加为6的倍数及决胜局结束。⑤更换新球时，决胜局作为一局计算。如逢该局更换新球，应暂缓更换，待下一盘第2局开始时，再行更换。

（2）双打：单打比赛的规定都适用于双打比赛。轮到发球的运动员发第1分球，此后发球次序仍按该盘比赛中原先的发球次序排定，每人轮流交替发两分球，直到决出该局与该盘的胜负为止。

国际网球联合会

　　国际网球联合会简称国际网联，1913 年在法国巴黎成立。现有协会会员 191 个。其中 119 个为正式会员，72 个为无表决权的联系会员。

　　国际网联的任务是制定、修改和实施网球规则，在各级水平上促进全世界网球运动的发展，在国际上维护网球运动的利益，促进和鼓励网球的教学，为国际赛事制定和实施规则，裁定国际网联认可的正式网球锦标赛，增强协会会员的影响力，维护联合会的独立，确定运动员的资格，管理业余、职业及业余—职业混和型比赛，合理使用联合会的资金，维护网球界的团结及监督这些规则的实行等。

网球运动意外情况的应急处理

　　本来，网球是比较安全的一个运动项目，但我们还是常常会看到一些意外发生，仔细想想，其实都是应该可以避免的。

　　现在，就网球场上的几种意外受伤情况及预防办法，介绍给大家。

　　1. "蹦网"摔伤

　　可能有不少的朋友有过这个危险的动作。对于很多人来讲，球网的高度，如果跳过实在不是问题的。但如果今天你的状态不是很好，或者你疲劳了，或者由于一冬季的休养，你的身体功能在"乍暖还寒时"还未彻底恢复，这时做此类动作就非常危险了。

　　2. 拣球被球击中

　　切记一点，当别人还未停止这个球的来回练习时，一定不要跑进那个场地！不仅仅出于礼貌，更重要的是保护你自己，或者是保护你的眼睛。因为被球击中要害还是很严重的。

3. 击球时被自己球拍击中

由于挥拍动作有问题，尤其是正手击球时没有做到左手接拍、手臂挥舞太多等原因，而造成拍头撞破眉骨、撞断鼻梁，发球砸伤膝盖等事故。解决办法是要做完整充分的动作！

还有一种是球星般的酷摔拍，在球拍触地时没有放松手腕，而硬砸地伤了手腕，还有就是拍子砸在地上急速弹起而伤及自己。记住拍子是手拿的，而且最好一手拿一手扶。

4. 踩在球上

业余爱好者扭脚，有部分的人是因为踩在了球上。所以切记，一定要保证在你击球的周围地上没有球在！

特别是一些女孩，常常口袋里装不下几个球，就把球放在了身边底线处的位置，这不是更容易踩球而扭脚吗？以后记住，没有口袋时，把球放到后面的铁丝网边上去。

5. 撞到场地边的硬物上

有些朋友跑动特别积极，是好事。但跑动中也一定要看清楚周围的环境。如果有危险，就放弃这一球。有些球场，场地会短一些，如果不注意，跑动太积极了，撞在铁丝网上还是很危险的。

6. 肌肉拉伤

大多数时候的肌肉拉伤，都是业余爱好者热身不够所致。有些朋友早起打球，迷迷糊糊的，上来就打，由于颈部肌肉的准备不足，就很容易突然扭伤了。所以，打球前尽量要做热身运动，特别在初春和早起打球。

7. 被网球拍太长的线结扎着了手指

被网球拍线扎着了手指，是指穿线的时候，把线头留得长了，剪得又太尖了，所以，打球的时候没注意，手指戳上去，自然破了！所以，在每次穿线后，要检查球拍的线头是否太长太尖了。如果是，再剪。

以上几点受伤案例，皆可避免，希望业余爱好者能引起注意，多加小心。这样才能真正地快乐网球每一天。

体操类体育活动

　　体操是从希腊文中"裸体操练"这个词演变而来的。古希腊的体操包罗较广，像舞蹈也称体操。随着体操运动的发展，先出现了器械体操，18世纪末，出现了平衡木。19世纪初，从古代马术发展来的鞍马、跳马问世。随后出现了单杠、双杠。法国人创始了吊环，埃及人创始了自由体操。但这时的体操仍是很庞杂的，在第一届奥运会上，把跑、跳、投掷作为竞技体操的内容。1903年的世界第1届体操比赛时，明确了竞技体操项目。1936年第11届奥运会确定了今天男子竞技体操6项；1952年第15届奥运会确定今天女子竞技体操4项。后又新兴艺术体操。

　　恐怕许多人都有这样的感受：观看体操比赛是一种艺术享受。体操比赛的魅力在于健、力、美、险的完美统一，在于那高超的技巧、神奇的力量、优美的旋律、令人屏气的惊险性及感人的艺术表现力。凡在世界级体操比赛中获金牌的运动员无不赢得极高的赞誉。

艺术体操

　　艺术体操起源于欧洲。19世纪末出现有音乐伴奏的各种身体动作练习。20世纪初，瑞士日内瓦音乐学院教师雅克·达尔克罗兹创编的韵律体操，将身体练习与音乐结合起来，并从最初的徒手发展为使用轻器械的形式。1956年国际体联决定在竞技体操比赛中，取消艺术体操比赛，把两者分开，并于1962年正式把艺术体操作为一个独立的女子竞技项目。

自1962年确认艺术体操为一个独立的运动项目以来，其比赛组织形式和比赛规则有了新的变化和完善。1963年起举办第一届世界艺术体操世锦赛，以后每2年举行一次，1976年首次公布了国际艺术体操评分规则，1982年经修改，第2次出版了新的艺术体操评分规则，1989年再次修改出版了新的评分规则，1997年的规则已是第5次修改的版本了。

艺术体操

规则的产生与演变充分体现了竞技艺术体操的发展过程。1967年专门制定了国际评分规则。从1978年开始，国际体联又组织了两个洲际比赛，即欧洲锦标赛和四大洲锦标赛（亚洲、大洋洲、北美洲和拉丁美洲），分别在世界锦标赛的间隔年份举行。1984年被列为奥运会比赛项目。

艺术体操竞赛场地

艺术体操场地与自由体操场地相似。场地上铺一层地毯，地毯下面有一层弹性适中的衬垫。比赛场地13米×13米，场地四周有宽度至少4米的安全区域。比赛馆的高度至少8米。

艺术体操器械

（1）绳。采用麻或合成纤维制成，可染成除金、银、铜以外的其他颜色，长度同运动员身高一致，两端有小结头，中段可缠布条或胶布。比赛由过绳跳、摆动、绕环、8字、抛接、跳跃、平衡以及各种交换绳握法等动作编排而成。

（2）球。采用橡胶或软塑料制成，可选用除金、银、铜以外的其他颜

色，直径18～20厘米，重400克以上。比赛由拍球、滚动、转动、绕环、8字、抛接、跳跃、平衡以及旋转等动作编排而成。

（3）棒。采用木材或合成材料制成，可染成除金、银、铜以外的其他颜色，全长40～50厘米，重150克以上，形状如瓶，细端为颈，粗端为体，顶端为头。比赛由绕环、空中转动、抛接、摆动、跳跃、平衡以及敲击等动作编排而成。

（4）带。由棍、尼龙绳或带构成。棍可采用木、竹、塑料或玻璃纤维等材料制成，带可采用缎或类似材料制作，可选用除金、银、铜以外的其他颜色。带长6米，宽4～6厘米，重35克以上。棍长50～60厘米，直径不超过1厘米，一端有金属环，与绳或带相连。比赛由绕环、螺形、抛接、摆动、跳跃、平衡、转体、8字以及蛇形等动作编排而成。

（5）圈。采用木材或塑料制成，可染成或选用除金、银、铜以外的其他颜色。横断面可以是圆形、方形、椭圆形等。内径80～90厘米，重300克以上。比赛由滚动、转动、8字、绕环、抛接、旋转、钻圈以及平衡等动作编排而成。

艺术体操竞赛规则

（1）艺术体操包括集体和个人项目。集体项目要求5人共同完成两套动作，其中一套持同一种器械，另一套持不同种器械，时间2分15秒—2分30秒；个人项目包括绳、圈、球、棒、带5项。比赛中，运动员根据规程的要求完成其中4项，时间为：1分15秒—1分30秒。

（2）个人团体赛每队由3～4名运动员组成，每名运动员完成1～4套动作，每个团体须由不同的运动员用每项器械完成3套动作，共计12套动作，总分高者为胜。

（3）个人全能赛每队最多2名运动员参加。团体赛全能成绩排名前24名的运动员才有资格参加，必须完成4项不同器械的成套动作，每项满分为20分，4个项目总分最高为80分，总分高者为胜。

（4）个人单项赛每队2名运动员参加，以单项的得分评定名次，最高分为20分，得分高者为胜。

（5）艺术体操成套动作应是身体难度动作和器械技术动作的有机结合。

（6）身体难度动作包括跳、转体、平衡、柔韧和波浪。

（7）各项器械规定的身体动作组：绳操是跳，球操是柔韧和波浪，棒操是平衡，带操是转体，圈操则要求所有难度的均衡使用。各项器械中规定的身体动作组至少要求6个，再加上其他组任意动作（每组最多2个）。

（8）绳操的器械技术组是由过绳大跳和过绳小跳，抛和接，转动绳、摆动、环绕、8字等动作类型构成。

（9）圈操的器械技术组是由圈在身体上和地面上的滚动，绕手或绕身体一部分及绕圈自身轴的转动 抛和接，从圈中穿过、圈上越过、摆动、绕环、8字等动作类型构成。

（10）球操的器械技术组是由单手或双手或身体其他部位运用球完成身上或地上自由滚动、拍球、抛和接、预摆、摆动、绕环、8字、手臂绕环或不绕环的翻转等动作类型构成。

（11）棒操的器械技术组是由小绕环、小五花、抛接空中旋转和不旋转的单棒或双棒、不对称抛和接、敲击、用臂或器械的预摆、摆动、绕环、8字动作、不对称等动作类型构成。

（12）带操的器械技术组是由蛇形、螺形、预摆、摆动、绕环、8字、抛全带、拉带抛、小抛带等动作类型构成。

艺术体操是以艺术和健美为主要特征，以节奏为中心，以人体自然动作和自我表现为基础的运动。它也是一项新型的，在美的享受中培养少女艺术欣赏能力、表现能力的，非常符合少女心理、生理特点的体操运动。

少女练习艺术体操，可以增强肌肉韧带的柔韧性。身体各部位通过绕环、屈伸和波浪、摆动跳跃、转体等复杂综合动作，不仅使全身各关节得到充分的活动而加大关节活动的幅度，而且使各部位肌肉韧带的长短和弹性得到均衡的发展。练艺术体操还可以增强各种感觉器官的功能。由于人体必须与器械、音乐协调地完成复杂多变的动作，因此通过训练可提高大脑皮质的反映，使视觉、听觉、肌肉本体感觉等功能得到全面的提高。

练艺术体操也是发展灵敏协调的很好运动项目。做操时，神经中枢指挥肌肉协调工作，使原动肌和对抗肌合理使用，锻炼肌肉主动放松能力。肌肉放松做动作时，则能使关节活动时所受肌肉牵制的阻力减小，越小则活动范围越大，这样就使动作的幅度加大，灵活而不僵，轻盈优美，协调省力。艺

术体操还可塑造健美的形体，使少女胖瘦适中，健壮有力，匀称而有弹性，灵活而有韵味。

另外艺术体操与音乐、绘画、舞蹈、竞技体操，以及造型艺术都有着密切的不可分割的联系，通过学习、锻炼、竞赛，可有意识地美化人体发育，在力的美、健的美、动的美、形的美、声的美、色的美的培育过程中培养人的灵敏、果断、刚毅、坚定的品质，使人具有文明开朗的道德修养，音体美多方面文化素质，高雅健美的身材仪表。如果你在艺术体操的锻炼中真正得到了全面的发展，那么你一定会成为人见人爱的优秀少年的。

合成纤维

合成纤维是将人工合成的、具有适宜分子量并具有可溶（或可熔）性的线型聚合物，经纺丝成形和后处理而制得的化学纤维。通常将这类具有成纤性能的聚合物称为成纤聚合物。与天然纤维和人造纤维相比，合成纤维的原料是由人工合成方法制得的，生产不受自然条件的限制。合成纤维除了具有化学纤维的一般优越性能，如强度高、质轻、易洗快干、弹性好、不怕霉蛀等外，不同品种的合成纤维各具有某些独特性能。

体操运动的保护措施

体操运动原是由舞蹈动作发展而来的，是一种身体"按一定规律的操练"。体操项目在很多国家里，都越来越注重早期选材和训练。热爱体操运动的小同学们，从小参加体操训练活动是件好事，但因年龄还小，体质比较稚嫩，在训练时，既要刻苦认真，又要懂得防护工作，以免发生伤害。为此，体操训练时一般应注意以下几方面。

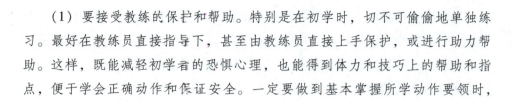

（1）要接受教练的保护和帮助。特别是在初学时，切不可偷偷地单独练习。最好在教练员直接指导下，甚至由教练员直接上手保护，或进行助力帮助。这样，既能减轻初学者的恐惧心理，也能得到体力和技巧上的帮助和指点，便于学会正确动作和保证安全。一定要做到基本掌握所学动作要领时，才可逐渐撤保。

（2）体操训练时，要集中注意力，千万不可心不在焉。万一运动员感到身体不适，或因某事情绪不好，无法集中思想时，应及时告诉教练员与队长，取得谅解和帮助。待妥善解决后，再开始练。否则，容易出差错事故。

（3）练习体操时，安全设施很重要。同学要在有必要的安全设施情况下，练习体操。如海绵坑、软垫等。还要根据运动项目需要，采用手提式保护腰带、悬挂式保护滑车等。

男生在练习单扛、吊环项目时，要学会使用护掌。不过护掌皮质要好，大小要适中，太大、过长容易造成卷杠而受伤。凡初戴新护掌，都要试一试，先做做小摆动动作。万一发生护掌与杠面缠绕，不要急躁地用力翻转手腕。这时，要及时"刹住"。在旁的教练员，一般会挡住运动员的身体，帮助停顿下来。

（4）在参加训练前，检查运动器械是否完好无损，杠面、吊环、平衡木等器械是否清洁、干燥。若遇阴雨天气，更要注意揩除器械上的污垢。

（5）运动员在进行下法训练时，偶因身体重心没掌握好，或其他意外原因坠地时，一般不要用手去撑地，而要紧缩自己身体，接着做一个翻滚动作，这样可以减轻伤害，使身体局部不致受伤过重。

在参加体操训练时，既不可忽视教练员的保护，也不能过分依赖而没有自我保护的意识和方法。请同学们在训练中，不断总结别人和自己的经验，提高自我保护能力。

自由体操

中国近代体操项目，主要是从国外传入。传入的途径有教会系统和军事学堂。德国体操自1894年传入中国。自由体操的特点是体操技术和艺术相结合，动作矫健、惊险和潇洒优美。

现代自由体操要求男子以各种类型的技巧动作为主，其中必须包括空翻手翻、平衡支撑、转体跳跃等内容；女子除了上述要求外，还要求把各种技巧动作与具有独特风格的体操舞蹈音乐和谐结合，以充分体现女性体形美、姿态美和表现美的特点。

自由体操在 1911 年被列入国际比赛项目，当时仅限于男子。女子自由体操直到 1952 年第 15 届奥运会才被列为比赛项目，同时，比赛场地由 8 米 ×8 米改为今天的 12 米 ×12 米。从 1958 年第 10 届世界体操锦标赛起，正式规定女子自由体操必须用音乐伴奏。

自由体操要求整套动作充分利用场地与规定时间，表现出个人风格、创造能力和表现能力。动作编排要求新颖、合理、紧凑且富于节奏和难度。

自由体操竞赛场地

自由体操场地从 1952 年起，在原来 8 米 ×8 米的基础上扩大为 12 米 ×12 米。大部分比赛的专用场地在地板下面装有弹簧或橡胶，使场地富有弹性，这样可以跳得更高，并减少运动员落地时的冲击力。自由体操明确规定了边界，界外的区域由其他颜色的地毯标识或贴着明显的胶带。大部分场地在规定场地外还留有几英尺的安全区域，在运动员不慎摔倒出界时起保护作用。

自由体操竞赛规则

（1）为了适应和推进体操技术的发展，国际体操联合会技术委员会每 4 年对体操规则修改一次。1997 年取消了规定动作的比赛，只进行自选动作比赛。比赛共分 4 种：第 1 种是团体和个人资格赛，各个奥委会可派由 4～6 名运动员组成的队或个人参加。在每个项目的比赛中，每队派出 5 名队员上场，取 4 个最好成绩相加作为该项目成绩，各项目成绩相加作为团体成绩。第 2 种是个人全能决赛，在团体和个人资格赛中获全能成绩前 24 名的运动员参加该赛。以全能决赛成绩决定全能名次。第 3 种是单项决赛，在团体和个人资格赛中获各单项成绩前 8 名的运动员参加单项决赛，以各单项决赛的成绩决定单项冠军。第 4 种是团体决赛，在团体和个人资格赛中获团体成绩前 8 名的队伍参加该赛。

（2）按照国际体操联合会（FIG）的比赛规则，重大的国际性比赛（如奥运会、世界体操锦标赛等）往往是男、女分场进行。男、女分场比赛就是男、女分开不同场进行比赛，每场男子有 6 支队上场比赛，每个项目上有一支队；女子每场比赛也有 6 支队参加。在一些中小型国际比赛和国内比赛中，基本上是男、女同场进行比赛的。男、女同场进行比赛是为了便于比赛的编排，每一场比赛都有 3 支男队、3 支女队同时出场比赛，分上、下半场，每个半场有 3 轮。上半场 3 支男队分别在自由体操、鞍马和吊环项目上进行比赛，两支女队则在跳马和高低杠场地上进行比赛，另一支女队轮空。上半场 3 轮比赛完毕后进行下半场比赛，男队有跳马、双杠、单杠 3 个项目，女队则在平衡木和自由体操上进行角逐。这样，跳马和自由体操这两个男女共有的项目就会因有上、下半场而错开了。

（3）比赛没有正式开始前，运动员们在各个项目上做赛前练习，时间是每个人 30 秒。每个队有 5 个人，共 2 分 30 秒。比赛开始后，项目裁判长高举绿旗或打开绿灯，这是给准备比赛的运动员一个信号。如果信号发出后 30 秒钟，运动员还未上器械，就算弃权，判为 0 分。

（4）国际体操评分规则明确规定，在所有的团体比赛中，运动员要穿统一的服装，在鞍马、吊环、双杠、单杠 4 个项目的比赛中，一定要穿背心、长体操裤、体操鞋（或袜子）。之所以有这条规定，是因为这 4 个项目主要是以上肢动作为主，穿长裤不仅对运动员做动作影响不大，而且还可以增加动作的美感。而自由体操、跳马这两个项目，基本上全身都要参与运动，特别是腿部的活动较多，为了保证运动员在比赛中更好地发挥水平，创造更好的成绩，规则规定在这两个项目的比赛中，可以穿短裤，也可以赤脚（防止打滑）。如果运动员违反这些规定，将从团体总分或个人得分中扣除一定的分数。

（5）男子一套动作在 70 秒内完成，女子在 90 秒内完成。动作是预先编排好的，由技巧动作和舞蹈动作组成。这个项目和其他项目不同之处在于允许女子自由体操要有音乐伴奏。整套动作设计通常包括 3～5 个空翻组合和一些舞蹈技巧，旋转和跳跃。根据体操计分规则，运动员必须从 5 个规定的动作组里面选择动作，包括至少 540° 的旋转，空翻两周，向前和向后的空翻。

（6）评分是根据规定动作的难度，艺术性、感染力和整套动作的完成质量。缺少规定动作、动作没有按要求完成、失误等等都会扣分。与男子比赛不同，女子比赛在落地的时候允许一脚在前，另一脚在后。运动员要求在整

套动作中尽量利用整块场地，但是，出界是严重的失误，要被扣分。

（7）在男子体操里，是没有配乐的。和其他体操单项比赛一样，评分是根据规定动作的难度、编排和整套动作的完成质量。裁判检查所有的规定动作是否都完成，根据难度来确定评分。运动员要求在整套动作中尽量利用整块场地，和女子自由体操不同的是在落地的时候必须双脚同时落地，并且不能前后分开，向前的跳跃和落地分腿都会扣分。

（8）无论男女，运动员必须双腿并拢、静立于自由体操场地内，然后开始做成套动作。成套动作的评分从运动员脚的第一个动作开始。运动员可以踩场地边线，但不能过线。当出界情况发生时，司线员将以书面形式通知裁判组负责人，裁判组负责人从最后得分中扣除相应的分数。

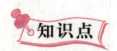
知识点

空　翻

　　竞技体操中常用的基本术语之一。指在空中，经过头部的翻转动作。从方向上有向前、向后、向侧空翻。动作形式上有团身、屈体和直体空翻。一般围绕横轴或前后轴翻转。如团身前空翻、直体后空翻、屈体侧空翻等等。进入20世纪70年代后竞技体操技术迅速发展，已出现了直体空翻两周和团身后空翻3周等。空翻动作是男女自由体操、支撑跳跃、平衡木中的核心动作。一套自选动作的质量高低往往由空翻的质量数量高低来衡量。

延伸阅读

体操比赛观看礼仪

　　观看体操比赛应提前到场，比赛结束后再退场。进出场地要有序，不要拥挤，要尊老爱幼。

比赛时，不要随意走动，最好在比赛暂停或休息时再走动。

在场地内不要高声说话，应举止文明，不随地乱扔杂物，禁止吸烟。

观赛时应将手机关机或设置在振动、静音状态。

学习必要的竞赛知识，既要看运动员优美的动作，也要看其动作技术和风格。既要欣赏运动员精湛的技艺，也要感受他们的顽强作风和内在品质。既给本国选手加油，也给外国运动员鼓掌。做到热烈而不狂躁，有激情而不失分寸。

运动员做动作前需要扫除一切杂念，宁神静气，做动作时要将全部精力集中在所要完成的动作上。观众此时应全神贯注地观看，不要鼓掌加油，不要欢呼，更不要喊运动员的名字。

拍照不要使用闪光灯，因为闪烁的灯光会分散运动员的注意力，影响运动员对空间高度和时间方位的判断，甚至可能造成比赛失误或者受伤。在运动员即将出场时呐喊加油，在运动员动作结束时鼓掌，才是得体而恰当的行为。

体操是由裁判员打分的项目，当你认为有裁判不公的现象时，不要起哄，不要冲动，要克制自己的情绪。这种不公也许只是因为你对规则了解不够，而鼓励运动员、理解裁判员，继续观赏下面的比赛才是最好的选择。

比赛结束，离开场馆时将垃圾随身带出场外。

健美操

健美操运动起源于20世纪70年代末、80年代初的美国，它的英文原名是"Aerobics"，意思为"有氧操"，"健美操"这个名称只是在它刚传入我国时，我们根据它的运动特征所起的中文名称。健美操是有氧运动的一种。有氧运动是相对于无氧运动来说的、以人体有氧系统供应能量的运动，其特点是活动时间长、强度低，主要影响练习者的心肺功能，是耐力素质的基础。

事实上，从提高健康水平的角度来说，只有有氧运动才能良好地影响人体，才能达到锻炼身体的目的。有氧运动包括慢跑、骑自行车、游泳等所有持续时间长、强度低的体育活动，健美操运动只是其中的一种。因此，从健美操的英文原名来看，我们可以得出这样的结论，即健美操运动的基础和实质是有氧练习，具体到健美操本身的运动特点就是持续一定时间的、低强度

的全身性活动。

多年来，由于发展历史和健身观念的不同，我们曾对健美操有一些错误的认识。如把健美操误认为以各关节活动为主的操化练习，再加上长时间的跳跃运动来增加运动量，现在看来这种认识仅仅局限于健美操健与美的外在表现，而没有抓住其内在的实质和精髓。

从目前国外健身健美操的发展来看，各关节的活动只是健美操练习热身（准备）的一部分，而长时间的跳跃练习由于对人体的膝踝关节损伤很大应尽量避免，必要的运动量是通过大量的走动，既步伐和适量的低强度跳跃，配合简单的上肢动作取得的，有氧练习部分是健美操影响人体的最主要部分。

另一错误的认识是关于力量练习．由于东西方观念的差异，许多女性认为过大的肌肉块影响美观，因此以前我国多数的健美操课是以复杂的上下肢配合动作为主；以提高身体的协调性为主要目的，尤其是上肢力量练习较缺乏。其实力量练习同样也是有氧运动，适量的力量练习不仅可增加肌肉的弹性、塑造体型，而且可延缓衰老，是健美操练习的重要组成部分。

健美操运动分为健身性健美操和竞技性健美操两大类。

竞技性健美操是在健身性健美操的基础上发展起来的，是健身性健美操发展到一定阶段的必然产物，从而也使健美操成为一项真正的体育运动项目。

竞技性健美操的主要目的是"竞技"，比赛中运动员要在 1 分 45 秒内配合音乐完成许多高难度的技术动作，因此对运动员的全面身体素质和技术水平都有很高的要求，由此我们可以看出竞技性健美操是有氧和无氧相结合的运动，并不适合我们普通人作为锻炼身体的手段。

健身性健美操的主要练习目的是"健身"，因此动作比较简单，音乐的速度慢，对练习者的身体素质要求不高，适合大多数人练习，再加上动作多样、节奏感强、能全面影响身体等特点，健身性健美操受到越来越多的人们的喜爱，具有非常广泛的群众基础。

目前在国外，随着健美操运动的快速发展和人们需求的不断多样化，出现了许多新的健美操练习形式，例如：既加大了运动量又不增加下肢关节负担的踏板操；年轻人喜爱的搏击健美操；女性感兴趣的调节机体平衡、改善身体姿态的瑜伽健美操，以及许许多多不同特点、适合不同对象的健身健美操。这些不同形式健美操的出现增加了健美操运动的多样性，使不同需求的人都能找到适合于自己的健美操练习形式，从而吸引了更多的人参与到健美操运动中来，促进了健美操运动的进一步发展。

目前，在我国的一些具有良好健美操基础的大中城市，也引进了一些新的健美操练习形式，如踏板操、搏击健美操等，在内容的选择上和练习方法上也在逐渐向国际上靠拢，如采用以步伐为主的循环练习法、加大力量练习尤其是上肢力量练习的比重等，使我国的健美操运动向着更加国际化、科学化的方向发展。

人们参与健美操锻炼的主要目的应该是健身与娱乐。在这里我们对健美操的健身功能是比较了解的，但对娱乐有不同的理解。其实，任何体育活动都与娱乐有关，寻求快乐是人类的天性和自然的心理需求，在得到乐趣的同时达到健身的目的是健身健美操的首要准则。因此，健美操锻炼首先要注重练习者的心理感受和情绪的体验，也就是说练习者所表现出来的热情与活力、快乐与自信，以及自我实现的成就感。

由于每个人身体状况和运动水平都是不同的，参与健美操锻炼要根据个体差异和自我感觉，排除竞争的想法，以安全、无损伤为原则，以适合自我为标准，不应要求太高的技术和身体姿态，娱乐身心是我们要考虑的第一因素。

健美操运动的好处

健美运动是人类根据健与美高度统一的要求，进行自身塑造的一门艺术。由于它符合了人类社会发展的潮流，从 20 世纪 30 年代起就已经风靡世界了。

青少年参加健美锻炼的好处很多：

（1）健美锻炼能增强人体运动系统的能力。一方面能使血液循环加快，为骨骼生长的需要提供更多的营养物质；另一方面肌肉的锻炼对内分泌的积极影响也会刺激骨骼的生长，促进青少年长得更加高大。同时能使关节囊、韧带、肌腱加强和加厚，使人的协调性、灵敏性都得以加强。长期锻炼可使肌肉日趋发达，肌肉收缩时能量消耗率下降，收缩效率不断提高，在力量、速度、持久力上都超过常人。

（2）健美锻炼能提高整个呼吸系统的功能。它使每分钟呼吸的次数、深度不断增加，使胸围增大。胸肌、膈肌、肋间肌、腹肌等不断加强，由于肺活量不断增加，在繁重的劳动和高强度的体育比赛中就能保持较好的体力。

（3）健美锻炼能加强血液循环系统的功能。使心脏运动性增大，心肌发达收缩力加强，每次收缩从心脏输出的血液量比普通人多，使人能够适应加大体力消耗时新陈代谢的需要。

（4）健美锻炼能使神经系统功能更加敏感。使身体的耐受性增强，对致病因素的抵抗力和对外界环境的适应能力都会有明显提高。

（5）健美锻炼可使瘦弱者变得健壮，可使肥胖者变得结实，可使身体畸形得以矫正。

（6）健美锻炼还可陶冶性情，磨炼意志品质，培养人高尚的生活情操和文明举止，达到外在美与内心美的和谐统一。

骨骺

骨骺实际上就是骨头在发育时它末端的软骨。在成长过程中，软骨会慢慢地长成骨头，特别在年青时很重要，如果这时出现损伤，长得形状就会异常，有时还会形成慢性关节炎，关节会肿胀，痛，僵硬，正常的生活都有困难，骨骺损伤，称为骨骺炎。

竞技健美操简介

动作的特殊要求：

1. 艺术性：成套动作艺术性的要求是：充满活力，有创造性，以健美操方式表现动作设计和流畅的过渡动作。成套动作必须显示身体双侧的力量和柔韧性而不重复同一动作。

2. 完成：任何未按竞技健美操定义完成的动作都将被扣分。混双和三人（六人）成套中最多允许3次托举或支撑配合动作，包括开始和结束。

3. 难度：至少每类难度动作各一个，难度分将是 12 个最高难度动作的总分。

成套动作必须表现出健美操动作类型（高和低动作的组合），风格和难度动作的均衡性。健美操动作的姿态要求是躯干直，呈一直线位置，臂腿动作有力、外形清晰。动作编排要合理利用全部空间，地面以及空中动作。

成套动作必须包括下列各类难度动作各一个：A. 动力性力量；B. 静力性力量；C. 跳与越；D. 柔韧与平衡。

鞍　马

男子竞技体操项目之一，起源于欧洲。1896 年鞍马被列为体操比赛项目。现代比赛用鞍马器械长 160 厘米，宽 35 厘米，马背中央木环上沿离地面 120 厘米，离马背 12 厘米，两环相距 40 ~ 45 厘米。

比赛成套动作包括：两臂交替支撑的各种单腿摆越，正、反交叉，单、双腿全旋和各种移位转体等动作。20 世纪 50 年代鞍马上有了各种环上转体。70 年代中、后期，匈牙利运动员 Z·马乔尔开创了纵向前移位、沿身体纵轴反向转体和跳动移位等技术，美国运动员 K·托马斯创造了分腿波浪全旋技术，称托马斯全旋。80 年代，倒立技术与隔环转位类型的动作逐渐增多。鞍马技术进展快，难新

鞍　马

动作不断出现。中国运动员对鞍马技术的进展作出了不少贡献，1981 ~ 1992 年在世界性比赛中共获得 6 次鞍马世界冠军。

鞍马是在马的所有部位，用不同的支撑方式完成不同的全旋和摆越动作是鞍马项目上一套动作的基本特性。做全旋时，以并腿全旋为主。允许有通过手倒立加转体或不加转体的动作，不同的结构组的动作必须在充分的摆动中完成，不能停顿，该项目中不允许有力量动作。

　　大多数的运动员认为鞍马是所有体操项目中最难的。这可能因为鞍马对运动员的要求实在太高：力量、近乎完美的平衡、柔韧、时间感以及动作的优美性。比赛中运动员要做一系列的前、后全旋，交叉，并且要在鞍马的整个长度上做动作。鞍马的全旋动作是靠手（多数情况下是单手）支撑身体重心，身体在马上做向前或向后的回旋。做全旋动作时，运动员双腿伸直分开并尽量上举，除双手之外的任何身体部位都不能接触鞍马。

　　动作流畅与精确控制是鞍马比赛得高分的要素。由于运动员的动作相当快，一般的观众可能还弄不清他做过的动作，不过这是得高分所必须的。为增加难度，运动员在做动作的同时，还会用手移动自己在马上的位置。

　　在男子竞技体操的6个项目中，唯有鞍马这个项目在群众中开展得不普及，因而在体操比赛中，鞍马最受观众"冷落"。

　　其实，在男子竞技体操6个项目中，鞍马是最难"驯服"的。在平日的训练中，运动员花费在它上面的时间最多、精力最大。因为鞍马的支撑面积很小，完全要用两只手控制，是身体重心变化最多、最快的一个项目。有些单环动作，只能由两只手交替握在一个环上才能完成，这样一来，手的支撑面积就更小了。在这样窄小的支撑面积内，运动员必须不断地变化动作，再加上体操评分规则不允许除了手之外的其他身体部位触器械，所以稍有闪失，就会碰马或从马上跌落下来。

　　在比赛中，运动员必须要充分利用马的3个部位（两个马端和马中部的环），在这3个部位上完成各种全旋、转体、移位、交叉以及经倒立等动作，动作之间不允许停顿，也不允许出现用力动作，否则均要扣分。

　　在鞍马比赛中，如果运动员的一套动作难度大，姿势优美，动作协调且变化多端，连接很流畅，幅度大，下法站稳，那将会得到高分。

鞍马竞赛场地

　　鞍马场地平整，周围须铺上海绵垫。四周不得有障碍物。

鞍马竞赛器械

　　鞍马是用金属支架支持的"马背"。"马背"用人造革、皮或其他合适材料包以棕、海绵等物做成。长1.6米，从支架接触的地面到"马背"上沿的高度为1.1米，"马背"装有两个"鞍"，两"鞍"相距0.4~0.45米。"鞍"高0.12米。

鞍马竞赛规则

（1）现代鞍马成套动作的主要特征是利用鞍马的所有规定部位，用不同的支撑姿势完成不同的全旋摆动动作（分腿或并腿）、单腿摆动和（或）交叉。

（2）允许有经手倒立加转体或不转体的动作，所有动作必须用摆动完成，不能有丝毫的停顿，不允许有力量动作或静止动作。

（3）运动员必须从站立姿势开始，允许做第一个动作时走上一步或跳起撑鞍马。动作评分从运动员的手撑鞍马开始。

托马斯全旋

托马斯全旋是个体操动作，分腿并降低身体重心位置，肩略前倾，左腿向左上方举起，右腿经后下方向左侧伸，放左手进腿，至分腿后撑并接上。

主要技术要领：控制身体重心下降的速度，含胸、顶肩，同时利用分开的双腿朝不同方向的摆动，配合肩臂的用力，产生水平旋转的动力，合理地移动身体重心，过腿时身体和肩略向左转，翻髋，左手尽早获得支撑，利于接上托马斯全旋动作。

鞍马童非移位

该动作在鞍马项目中属高难度动作，是中国运动员童非在1979年第20届世界体操锦标赛中使用，并被国际体联以其名字命名的动作。由双手撑马

端的马端全旋开始，出腿后，身体重心向右移，以右臂为轴，左手推离马端俯撑挺身转体180°，右手越两环，撑另一马端，经双手撑两个马端（隔两环）的俯撑，身体继续挺身转体，左手用力推离马端，完成第2个挺身转体180°，整个身体移至侧马端俯撑（双手撑马端）。该动作在两次支撑中完成了挺身转体360°和大移位动作。对两臂的力量和身体重心的移动要求较高，这是中国运动员童非独创的高难度动作。

童非，中国男子体操运动员。1961年3月25日生，江西峡江人。1984年在第23届奥运会体操比赛中，获单杠银牌和全能、双杠、鞍马、吊环第4名，并是获得男子团体亚军的中国队的成员。同年，国际体操联合会公布的体操难新动作中，有以童非命名的一个动作："鞍马童非移位。"

吊　环

吊环是男子体操项目之一。近代的吊环运动起源于法国，这是受杂技演员悬空绳索表演的启发而创造的，稍后才传入德国和意大利。

1842年德国人施皮斯制作了第一副吊环。早期的吊环动作只有一些摆动动作和简单的悬垂，作为体操训练的辅助手段。

19世纪吊环成为独立的男子体操项目，1896年被列为第1届奥运会的比赛项目。吊环的成套动作中，要求动静结合，高难力量性动作和摆动动作巧妙连接。吊环决赛时，每队最多有2名运动员参加，只有在团体赛中吊环排位在前8或前6的运动员才有参赛资格。从1992年奥运会起，团体分不带入单项决赛，以自选动作的比赛成绩确定名次。

吊环环高2.55米。一套吊环动作应由比例大致相等的摆动和力量静止动作组成，这些动作和连接是通过悬垂、经过或成支撑、或成手倒立来完成，以直臂完成动作为主。由摆动到静止力量或由静止力量到摆动的过渡是当代体操的显著特点，做静止动作时，要求环静止，不能有大的摆动。吊环要求有一定难度的向前摆动完成的手倒立和向后摆动完成的手倒立，还要求有一个有难度要求的力量静止动作。

吊环有两种基本动作：力量性支撑动作和回环动作。回环动作是指运动员的身体动作，而不是吊环。力量支撑要求运动员保持良好的支撑，并控制足够长的时间，不能有任何的抖动，神态也要显得很轻松；回环动作要做得连贯，动作结束点应能稳定地控制身体姿态。

吊环竞赛场地

吊环场地平整，场地须铺上海绵垫。四周不得有障碍物。吊环两立柱相距 2.8 米，两钢丝绳之间相距 0.5 米，环的下沿离地面 2.5~2.8 米。

吊环竞赛器械

吊环是由两根金属柱子上面装上横梁，梁上安上不易破损的坚质圈，用以悬挂两根钢

吊环比赛

丝绳，钢丝绳下端连接两个圆环（非金属）。环与钢丝绳的连接一般是用坚韧的纤维带，带宽适度。

吊环竞赛规则

（1）一套吊环动作应由比例大致相等的摆动、力量和静止部分组成。这些动作之间的连接是通过悬垂、经过或成支撑、或成手倒立来完成的，以直臂完成动作为主。

（2）由摆动到静止力量或由静止力量到摆动的过渡是当代吊环项目的显著特点。环带不允许摆动和交叉。

（3）评分从运动员脚离地做第一个动作开始。运动员可从静止站立跳起开始比赛，或在教练员的帮助下成双手握环悬垂双腿并拢的良好静止姿势开始比赛。不允许教练员帮助运动员起摆。

吊环决赛时每队最多两名运动员参赛，只有在团体赛中吊环成绩排位前8名或前6名者才有参赛资格。只比自选动作。将运动员在团体赛中规定动作与自选动作总得分的 1/2，加上吊环决赛中自选动作的得分，作为最后得

分排列名次，得分高者名次列前。满分为 20 分。从 1992 年奥运会起，团体分不带入单项赛，仅以自选动作的比赛成绩确定名次。满分为 10 分。

 知识点

自选动作

　　某些体育项目比赛时，由运动员按照规定要求的难度和数量自己编选的整套或单个的动作。如花样滑冰、竞技体操、跳水等。

 延伸阅读

二战后历届奥运吊环冠军

年份	地点	国家	运动员
2008	北京	中国	陈一冰
2004	雅典	希腊	塔姆帕科斯
2000	悉尼	匈牙利	吉尔维斯特·索拉尼
1996	亚特兰大	意大利	尤里·凯基
1992	巴塞罗那	独联体	维塔利·舍尔伯
1988	汉城	前苏联	德米特里·比洛泽尔采夫
1988	汉城	前民主德国	霍尔格·贝伦特
1984	洛杉矶	中国	李宁
1984	洛杉矶	日本	具志坚幸司
1980	莫斯科	前苏联	亚历山大·季佳京
1976	蒙特利尔	前苏联	尼克雷·安德里亚诺夫
1972	慕尼黑	日本	中山彰规
1968	墨西哥	日本	中山彰规
1964	东京	日本	早田卓次
1960	罗马	前苏联	阿尔伯特·阿扎良

1956　墨尔本/斯德哥尔摩　前苏联　阿尔伯特·阿扎良

1952　赫尔辛基　前苏联　格兰特·沙吉尼扬

1948　伦敦　瑞士　弗莱格锡

单　杠

单杠包括各种支撑、悬垂、摆动、回环、腾越、屈伸和转体等非常丰富的动作，是锻炼身体十分有效的手段，也是竞技体育项目之一。

通过单杠动作练习，能有效地发展青少年上肢、肩带、腹背肌的力量和柔韧性；提高身体的协调性和前庭分析器官功能，使青少年平衡定向能力得到改善。特别通过各种姿势的"翻身上"、"回环"（如单挂膝回环、骑撑回环、支撑回环等）等动作，可以促进神经系统的调节能力。

通过单杠动作练习，可以提高腹壁的张力，增强人体适应加速度的能力。在做单杠练习时，腹部的收缩和伸展动作较多（翻身上、屈体悬垂、倒悬垂、单腿摆越、后摆转本下等），特别是腹部肌肉迅速反射性收缩，可以提高腹壁张力。腹壁张力性强，可以防止血液过多流向腹腔，增强人体适应加速度的能力，这种能力是飞行员、宇航员及海员等所特别需要的。

通过单杠活动，可以培养青少年良好的意志品质。由于单杠有高低变化要求（有高单杠、低单杠），支撑面窄，杠面较滑，青少年重心不稳，易产生害怕心理。做翻上、摆动和回环等动作时，磨手、磨腿，摆越时重心移动较大，常会给青少年带来一定的困难和心理压力。

通过单杠活动，加强了对青少年心理素质的训练，特别是女生对克服胆小害怕心理，提高勇气和胆量都有重要的作用。在单杠练习过程中，可逐步培养青少年勇敢、顽强的精神和克服困难的决心。通过单杠练习中的保护与帮助，还可培养青少年安全意识、责任意识和相互交往能力。

通过单杠练习，青少年的握力、支撑和悬垂能力有很大提高，对在日常生活、娱乐和劳动中翻上、翻下，利用物体爬上、爬下等实用技能的形成和提高，有着积极的促进作用。

单杠教学，主要是在低单杠上完成各种支撑、悬垂、摆动、回环及上法

TIYU ZHISHI BOLAN

和下法等简单动作练习，用以作为健身、健心及实用性技能训练手段。

单杠也是男子竞技体操项目之一。1896 年，单杠被列为奥运会比赛项目。现代比赛用单杠由一直径 2.8 厘米的铁制横杠固定在两根支柱上，两端用钢索固定，横杠离地面 2.55 米。

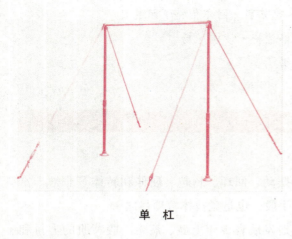

单杠

单杠成套动作全部由摆动动作组成，不能停顿。动作包括向前、向后大回环，各种换握、腾身回环，各种转体、扭臂握以及飞行动作。20 世纪 50 年代初，出现了分腿支撑后回环成手倒立动作。60 年代中期出现了高屈体腾越动作。70 年代日本运动员冢原光男创造了旋空翻下，中期出现了飞行动作，末期随着护掌的改进，出现了单臂大回环。80 年代中期向着飞行接握杠方面发展。从 1992 年奥运会起，团体分不带入单项赛，仅以自选动作的比赛成绩确定名次。从 2006 年使用体操新规则起，得分不设上限。由 A 分和 B 分两部分组成。A 分为难度分，不设上限。B 分是完成分，满分 10 分。团体预赛前 8 名获得决赛资格。每队最多有两人参赛。

单杠项目经常被安排在体操比赛的最后进行，因为单杠是最具观赏性的项目，通常也是观众最喜欢的。同时单杠也是最危险的，因为一套单杠动作几乎全部是不停顿的回环动作，并且至少要有一次双手离杠（然后重新抓杠）的动作，至少一次背部朝向单杠的动作，至少一次转体动作。

单杠的握杠方式很重要，共 3 种：正握（掌心朝前）、反握（掌心朝后）、交叉握（一只手正握，一只手反握）。采用什么握法由不同的动作方向而定。不管采用哪种握法，最重要的一点是：大拇指必须指向你移动的方向。否则回环时很容易因抓不牢单杠而落地。例如，前回环时应正握，拇指指向前；后回环时应反握，拇指指向后。

单杠的下法同样是最精彩的部分之一。很多运动员可以腾空至近 4 米的高度，同时做一些令人眼花缭乱的空翻、转体等，最后稳稳地落地。

单杠运动是竞技体操中最惊险的一个运动项目，基本动作有摆动、屈伸、回环、转体、腾越、空翻等，可以培养勇敢顽强的意志，对改善人们在不同空间判断方位的能力，提高身体的柔韧性和协调性都有较好的作用。

单杠竞赛场地

单杠场地平整，杠下及周围须铺上海绵垫。单杠四周 3 米内不得有障碍物。

单杠竞赛器械

单杠是由两根金属立柱支撑一条特别金属横杆组成的。立柱须牢固地固定在地上。杠面离地面的高度为 2.55 ～ 2.75 米，横杆宽度为 2.1 米。杠面必须光平不粗糙。

单杠竞赛规则

（1）按照国际体操联合会（FIG）的比赛规则，重大的国际性比赛（如奥运会、世界体操锦标赛等）往往是男、女分场进行。

（2）比赛没有正式开始前，运动员们在各个项目上做赛前练习，时间是每个人 30 秒。每个队有 5 个人，共 2 分 30 秒。比赛开始后，项目裁判长高举绿旗或打开绿灯，这是给准备比赛的运动员一个信号。如果信号发出后 30 秒钟，运动员还未上器械，就算弃权，判为 0 分。

（3）运动员上器械前，要面向裁判长举起右手示意，这既是对裁判的尊重，也是提醒裁判员注意：我要开始做动作了。当运动员完成一套动作之后，也要向裁判长立正、示意，表示动作完毕。然后，A、B 组裁判员就开始按照各处的职责，对这套动作进行全面的评分。先由 A 裁判组根据运动员完成的难度、特殊编排和连接动作等几个方面来确定一个起评分（起评分最高为 10 分），向全场显示。B 组裁判员则要求在 30 秒之内对这套动作的技术、姿态等方面进行扣分，并填写在记分单上，由电子计分系统或跑分员送至裁判长处。最后由裁判长根据 A、B 组裁判员的打分情况，示意出该动作的最后得分。

单杠引体向上

单杠引体向上是男生"达标"测试、初中毕业体育考试、高中毕业体育

会考项目之一。

引体向上是以自身力量克服自身重量的悬垂力量练习。它要求青少年有一定的握力、上肢力量和肩带力量，这个力量必须能克服自身的体重才能完成一次。它对发展上肢悬垂力量、肩带力量和握力有重要作用。

引体向上是以按动作规格完成的次数来计算成绩的，做的多则成绩好，因此，它是一种力量耐力项目。

引体向上属于纯上肢力量素质练习，技术要求并不复杂。要求练习者跳起双手正握杠，两手与肩同宽呈直臂悬垂；两臂同时用力引体，上拉到下颏超过横杠上缘为完成一次。

单杠引体向上影响因素

（1）上肢力量和肩带肌群力量不足以克服自身体重。人类的握力都能把自己悬吊起来（不论男女），只是悬吊的时间长短有较大差异，这是因为人类祖先长期生活在树上的一点遗传素质。但要把人体以两手为力点把身体提拉起来，则需要上肢与肩带肌群的力量。通过一定时间的练习，完成引体向上并不困难。

（2）体重超常，更显上肢及肩带力量不足。对于这样的青少年，除加倍练习上肢及肩带力量外，还需要控制体重，实施减肥计划。

身体柔韧性

柔韧性是指人体关节活动幅度以及关节韧带、肌腱、肌肉、皮肤和其他组织的弹性和伸展能力，即关节和关节系统的活动范围。

影响柔韧性即关节活动范围的因素有：关节骨结构，关节周围组织的体积，韧带、肌腱、肌肉和皮肤的伸展性；其中，最后一项对提高柔韧性关系最大。

两种单杠活动简介

1. 单腿（或并腿）蹬地翻上成支撑

站立正握杠开始，左脚向前一步，右腿经前向后上方摆起，左腿用力蹬地（并腿蹬地时，收腹、举腿、翻臀、倒肩），同时用力压杠，使腹部靠杠，并腿向后伸，当腿翻转至杠后水平部位时，制动腿，抬上体，翻腕，抬头、挺身成支撑。

动作要点：①充分蹬地、摆腿、拉压杠，使腹部靠杠。②腹靠杠后，两腿并腿后伸。③腿翻转至杠后水平时，抬头、翻腕、挺身。④并腿翻上时，用力收腹、举腿、翻臀，同时倒肩，压杠。

动作要求：

翻上动作连贯、有节奏，支撑时挺身充分，重心稳，两腿与杠下垂直面夹角在45°以上。

2. 支撑单腿向前摆越成骑撑，还原成支撑

由支撑开始，左臂顶杠，重心移至右臂，接着左手推离杠，同时左腿经侧向前摆越，左手迅速撑杠，左腿前下伸使大腿根部靠杠，上体保持正直成骑撑。

还原成支撑时，上体和臂的动作同前，但左腿经侧向后摆越，并腿成支撑。

动作要点：①移重心、推手要充分，配合协调。②腿摆越后要迅速撑杠。③及时移动和调整身体重心，掌握身体的支撑平衡。

■ 蹦 床

蹦床的历史可以追溯到19世纪中叶北美的科曼契印第安人，而在中国马戏团的杂技演员使用类似的蹦床至少也有200年的历史。

现代弹性蹦床的开创者是法国杂技演员特朗波兰，他用麻绳编制成保护

网，以加强"空中秋千飞人"的安全，并利用网的弹性将演员抛入空中，完成各种动作。

20世纪30年代，美国跳水冠军尼森制作出类似于当今的那种蹦床，用来帮助自己的跳水与翻转训练，后来创办了"尼森蹦床公司"。第二次世界大战期间，美国利用蹦床训练飞行员和领航员的定位技能，取得良好效果，以后逐渐成为一项运动，在美国的中学、大学广泛开展。

1947年美国在得克萨斯州举行首届全国蹦床表演赛，1948年起被列入正式比赛，后传入欧洲。1958年英国开始举行全英蹦床锦标赛，1964年在英国举行首届世界蹦床锦标赛，1969年在法国巴黎举行首届欧洲蹦床锦标赛。1999年，国际蹦床联合会成为国际体操联合的一个协会，并在2000年第27届奥运会成为正式比赛项目。

蹦床分为网上和单跳项目

网上：借助弹力床的弹力将人体弹向空中，在空中做各种体操动作和翻筋斗的竞技运动。分男女单人、男子双人、女子双人和团体等项目，有规定和自选各10个动作，根据动作的编排、难度和完成动作的质量评分。

单跳：比赛是在一条铺上厚毯的木质窄长专用跑道上完成的。

在这条跑道上，运动员要连续完成一整套高难技术动作，包括前空翻、后空翻、侧空翻、前空翻接侧空翻、后空翻接侧空翻等，最后落在跑道尽头的垫子上。按照规定，整套动作应由8个以内的单个动作构成，最后必须以空翻动作结束。

在蹦床比赛中，运动员用高超的难度动作、独特新颖的构思，以及优美的动作充分体现出最佳的柔韧性、高度的灵敏性、协调性、速度、稳定的平衡能

蹦床比赛

力，向人们勾画出一幅美丽又惊险的画面，以自然流畅及特大的动作幅度和超常的表现力，给人们展示出优美和谐的动作美。

蹦床动作技术的特点主要是多样性、复杂性和优美性。通过动作位置高低的变化、速度的变化、层次的变化、幅度的变化，共同构成了竞技健美操所特有的一种风格和美学特征，使人们产生了惊险、意外、刺激的情绪美。

蹦床竞赛场地

场地须平整，在蹦床两边的边框上分别铺有垫子，是为选手的着地做准备的，具有保护作用。

蹦床竞赛器械

蹦床的边框由金属制成，长5.05米，宽2.91米，高1.15米。弹网用尼龙或其他相近韧性材料制成，周围用112个弹簧牵拉固定。男女选手可以穿袜子或运动鞋来参加比赛。

蹦床竞赛规则

（1）个人比赛中运动员要完成3套动作，每套由10个动作组成。

（2）一套蹦床动作的特点主要表现在动作的高飘，动作之间富有节奏的连接和变换，包含双脚起跳、背弹、腹弹、坐弹动作，全套动作中间没有停顿和中间跳。一套蹦床动作应由各种向前、向后的空翻转体或非转体的空翻动作组成。

（3）运动员全套动作应表现出优美的身体姿势、正确的动作技术、理想的高度和良好的身体控制能力。

（4）比赛时，不允许运动员佩戴珠宝首饰及手表，违反者将被取消该轮比赛资格。

（5）每位参赛者可以有1名教练员上场保护；任何情况下，在网的四周不得超过4名保护者。

（6）裁判长发出信号后，运动员必须在1分钟内开始做第一个动作，否则要扣分。运动员做动作时，除分腿跳动作外，其他动作都要求两脚和双腿

并拢，脚尖绷直。根据动作要求，身体姿态可采用团身、屈体或直体。

（7）一套动作中不能有重复动作，否则，重复的动作不计算难度。预赛第一套动作中出现重复的动作，每重复一次，扣 1.0 分。

（8）裁判员只对在网上完成的动作进行评分。比赛中出现中断情况，中断后的动作不予评分。整套动作结束时，运动员双脚必须有控制地落在网上，并保持上体正直的姿势结束，否则按规则扣分。

（9）裁判员以 0.1 分为单位进行评分。裁判长负责决定最后得分的有效性。

（10）裁判员以以下标准评分：

①由于动作姿势欠佳，每个动作扣 0.1～0.5 分；②单手或双手触网，扣 0.4 分；③双膝或双手和双膝触网、坐网、趴或后躺触网，扣 0.6 分；④触及弹簧、护垫、蹦床框架或安全台部位，扣 0.6 分；⑤落或摔倒在弹簧、垫子、蹦床框架或安全台、保护垫上，扣 0.8 分；⑥落或摔倒弹出蹦床，扣 1.0 分；⑦比赛中保护人员或教练员与运动员讲话或给予暗示，每次扣 0.3 分；⑧在一套动作中，每出现一次中间（直体）跳，扣 1.0 分；附加动作扣 1.0 分；⑨超过规定时间扣 0.1～0.3 分。

侧空翻

　　侧空翻是武术套路中一个基本的也是最简单的空翻动作，它不仅要求全身协调性好，而且对腰腹部、腿部的肌肉和韧带的要求都比较高，它的危险性不比其他空翻（后空翻和前空翻都比较危险不建议初学者单练），它的观赏性比较强，虽然不比后空翻和前空翻，但是它以便捷和安全而受到大家的追捧。

　　近几年又出现了侧空翻的分支动作，比如侧空翻转体、团身侧空翻等动作，也增加了侧空翻的观赏性。

蹦床意外伤害防范

在许多人眼里，软软的蹦床是较安全的娱乐设施。但儿童或青少年玩蹦床稍有不慎，就可能骨折、脊椎损伤甚至头部受伤；蹦床上孩子越多，危险性越大。因此，青少年朋友在玩蹦床时要注意加强防护，防范意外伤害的发生。

人们在蹦床上弹跳时，力量的大小和方向的掌握等方面都有很多不可知因素，很难保证每次弹跳均能垂直地承受重力。遇到重心稍有偏斜，脊椎稍有失控，就会使脊椎的受力失去平衡。人摔倒不说，脊椎骨、关节、韧带等都可能受损。此外，人们玩蹦床时，注意力很难集中，容易降低对脏器的自我保护意识；振荡还有可能对尚未发育完善的内部器官造成损伤，尤其对大脑不利。

进行群体跳跃运动时，自我防护要做到3点：第一，跳跃时双臂抱胸，这样可以防止受到其他人的碰撞；第二，跳起落地时不可作蹲状，这样可避免被其他人踩踏或者碰撞；第三，跳跃时，出现重心不稳，不可用手腕触蹦床，还是呈抱胸状，直接跌倒，这样接触面大，会将肢体伤害程度减小到最低。

跳 绳

跳绳一向是大众喜爱的运动之一，它不但达到了健身的目的，还可以减肥，跳绳是有很多优点和好处的。

简单易行：跳绳花样繁多，可简可繁，随时可做，一学就会，特别适宜在气温较低的季节作为健身运动，而且对女性尤为适宜。从运动量来说，持续跳绳10分钟，与慢跑30分钟或跳健身舞20分钟相差无几，可谓耗时少、耗能大的有氧运动。

锻炼多种脏器：经国内外专家研究，跳绳对心脏功能有良好的促进作用，它可以让血液获得更多的氧气，使心血管系统保持强壮和健康。

跳绳的减肥作用也是十分显著的，它可以结实全身肌肉，消除臀部和大腿上的多余脂肪，使你的形体不断健美，并能使动作敏捷、稳定身体的重心。跳绳能增强人体心血管、呼吸和神经系统的功能。

跳绳能增进人体器官发育，有益于身心健康，强身健体，开发智力，丰富生活，提高整体素质。跳绳时的全身运动及手握绳对拇指穴位的刺激，会大大增强脑细胞的活力，提高思维和想象力，因此跳绳也是健脑的最佳选择。研究证实，跳绳是全身运动，人体各个器官和肌肉以及神经系统同时受到锻炼和发展，所以长期跳绳可以防止胃病，其他如肥胖、失眠、关节炎、神经痛等症状。

同时医学专家认为，跳绳训练人的弹跳、速度、平衡、耐力和爆发力，同时可培养准确性、灵活性、协调性，以及顽强的意志和奋发向上的精神。

跳　绳

鉴于跳绳对女性的独特保健作用，法国健身专家莫克专门为女性健身者设计了一种"跳绳渐进计划"。初学时，仅在原地跳1分钟，3天后即可连续跳3分钟，3个月后可连续跳上10分钟，半年后每天可实行"系列跳"如每次连跳3分钟，共5次，直到一次连续跳上半小时。

跳绳对儿童身心健康和智力发展有以下诸多好处：能促进儿童健康发育，跳绳能加快胃肠蠕动和血液循环，促进机体的新陈代谢，有利于儿童健康成长；能确立儿童的数字概念，儿童跳绳时自跳自数，有助于他们把抽象的数字与实际事物联系起来，使其初步理解数字的实际含义与概念；能提高儿童记忆能力，由于儿童在跳绳过程中不断地数数，使其大脑皮层处于兴奋状态，有助于其将抽象记忆转化为形象记忆；能促进儿童心灵手巧，人的机体在运动时会把信息反馈给大脑，从而刺激大脑进行积极思维，儿童跳绳时自跳自数，可以提高大脑的思维灵敏度和判断力，有助于儿童体力、智力和应变能力的协调发展；能培养儿童的平衡感和节奏感，跳绳时的动作可谓左右开弓，上下齐动，有助于儿童左脑和右脑平衡、协调地发展，还可以培养儿童的节奏感；能帮助儿童确立方位感和培养其整体意识，儿童在跳绳过程中，有时是单人跳，有时是双人跳，有时是多人数，这有利于儿童形成准确的方位感。儿童在跳绳活动中，能够自觉地形成组织纪律性，可以培养其团结协作精神和集体主义观念。

跳绳器械简单，场地到处都是，简单易行，是一项适合大众的体育健身运动。

研究证实，跳 5 分钟绳等于慢跑半小时。跳绳能充分锻炼下肢，同时也能让手臂和肩膀参与进来，是一项可以协调全身的运动。研究显示，保持每分钟 120～140 次的速度，跳 5 分钟的效果就相当于慢跑半小时。

跳绳时要用前脚掌起跳和落地，这样能够缓解冲力，减少对软组织的损伤以及对踝骨的震动与伤害。切记不要用全脚掌或脚跟着地，这会使脑部受到震荡。另外，最好不要直接在水泥地上跳绳，可选择软硬适中的草坪、木质地板和泥土场地，也可以在水泥地上铺上一块毯子或塑胶，减少对关节和大脑的冲击力。

知识点

有氧运动

有氧运动是指人体在氧气充分供应的情况下进行的体育锻炼。即在运动过程中，人体吸入的氧气与需求相等，达到生理上的平衡状态。简单来说，有氧运动是指任何富韵律性的运动，其运动时间较长（约 15 分钟或以上），运动强度在口等或中等以上的程度。

延伸阅读

跳绳小技巧

1. 侧身斜跳

这个动作能训练你的耐久力，增强你的外展肌和内收肌。两人一前一后站在跳绳的左右两侧，先侧身单脚跃绳向前跳，然后斜身跳回原位。跳跃时应注意用力摆动双臂。跳 1 分钟之后休息 10 秒钟，重复练习 2 次。

2. 跳绳基本功：简单跳绳法

准备动作：双脚并拢，进行弹跳练习 2~3 分钟（弹跳高度为 3~5 厘米）。

开始跳绳，注意手腕做弧形摆动。初学者先跳 10~20 次，休息 1 分钟后，重复跳 10~20 次。非初学者可先跳 30 次，休息 1 分钟后，再跳 30 次。

3. 单脚屈膝跳

右腿屈膝，向前抬起。踮起脚尖，单脚跳 10~15 次，换左腿重复上述动作。休息 30 秒钟，每侧各做 2 轮。

4. 分腿合腿跳

先做跳绳准备运动，然后跳绳，跳跃时双脚叉开，着地时双脚并拢，重复动作 15 次。

5. 双臂交叉跳

先做跳绳准备运动，然后双臂交叉跳绳。当绳子在空中时，交叉双臂，当跳过交叉的绳子之后，双臂反向恢复原状。

水上体育活动

　　水上运动是指全部过程或主要过程都是在水下、水面或水上进行的各种形式的体育比赛和活动。它是为了区别于陆上和空中体育项目，根据所处的运动环境而命名的。水上运动可分为水上竞技项目、船类竞技项目、滑水运动、潜水运动。水上竞技项目包括游泳、跳水、水球和花样游泳4项。船类竞技项目包括划船运动、赛艇运动、皮划艇运动、帆板运动、摩托艇运动。滑水运动包括水橇、滑水板和冲浪。潜水运动是运动员借助于轻便的潜水装具在水下进行的竞赛和体育活动。

　　为了追求新的带有刺激性和冒险性的运动，人们把许多陆上的运动项目移植到水中进行，创造出水下、水上形形色色的新项目。感触水滑过肌肤的清爽，尝试驰骋水面的刺激，水上项目有着独特的运动魅力，也是许多普通人的梦想。不管是帆船、滑水，还是龙舟、摩托艇，水上项目其实不仅具有很强的观赏性，在普通人群中普及的速度也越来越快。

■■ 游　泳

　　虽然有古话"夏练三伏"的勉励，在夏天坚持运动者仍是少之又少，游泳则是个例外。夏天是爱好游泳者和会游泳者期盼的季节，即使不会游泳的人也愿意泡在游泳池里扑腾两下。这不仅仅是因为水的散热能力是空气的16倍，这等于说如果你体内的热量在空气中需要16分钟散发，而在水中仅需1分钟。也就是说，游泳也是一个很好的消暑方式。

游　泳

游泳源于英国及澳洲，17世纪60年代，英国不少地区的游泳活动就开展得相当活跃。继而成为风靡欧洲的运动。世界各国的游泳比赛开始普遍起来，游泳总会亦相继成立。英国业余游泳总会（前身为都会游泳总会）于1869年成立，是第一个成立的国家游泳总会。在1850—1860年间，英国与澳洲已有际游泳比赛。当国际奥林匹克运动会于1894年6月16日在巴黎成立时，游泳已被列为1894年的奥运项目之一。至于国际业余游泳联会（FINA），则成立于1908年。1992年在第25届奥运会上，庄泳夺得女子100米自由泳金牌，这是中国代表团在本届奥运会中夺得的第1枚金牌，也是中国运动员的第1枚奥运会游泳金牌，它开创了中国游泳史上崭新的一页。

游泳竞赛场地

国际标准游泳池长50米，宽至少25米，深2米以上。设8条泳道，每条泳道宽2.50米，第1和第8泳道的外侧分道线距离池壁为2.50米。

游泳竞赛器械

（1）分道线。分道线长度应和赛道长度一致，固定在凹进两端池壁的挂钩上。挂钩的位置应该保证分道线两端的浮标能够浮在水面上。分道线浮标直径0.05～0.15米。

（2）自动计时装置。游泳比赛中主要通过自动计时系统来记录每位运动员的成绩、确定运动员的名次。

自动计时系统包括发令装置、触板和计时器3部分组成。奥运会和世界

锦标赛中，自动计时系统还应该包括大型电子显示屏和终点录像系统。

（3）出发犯规召回线。出发犯规召回线应该悬挂在水面以上不低于1.2米的位置，距离每端池壁15.0米。出发犯规召回线应该由一个快速断开装置连接。犯规召回线启动时必须能有效地覆盖所有泳道。

（4）出发台。应设于泳池两端每条泳道的中央位置上，其前缘高出水面50~75厘米。表面面积为50厘米×50厘米并覆盖防滑材料，倾斜度不超过10°。出发台应该保证让使用前倾式出发姿势的运动员能够在前方或两侧抓住平台。

游泳竞赛规则

1. 水的规定

奥运会将要使用的泳池长50米、深3米。整个泳池分10道。最外面的两道在比赛中不使用。泳道之间使用泳道线来标记，从结束端看，从右向左依次标记1号到8号。在奥运会期间，泳池的水温必须保持在25℃~27℃之间。

2. 各项泳式的比赛规定

（1）自由泳

①自由泳比赛中可采用任何泳式。②转身和到达终点时，可用身体任何部分触池壁。

（2）仰泳

①运动员面对出发端，两端抓住握手器，两脚（包括脚趾）应处于水面下，禁止蹬在水槽内、水槽上或用脚趾钩住水槽边。②出发和转身后，运动员应蹬离池壁，并在整个游进过程中呈仰卧姿势。除在做转身动作外，运动员必须始终仰卧。仰卧姿势允许身体做转动动作，但必须保持与水平面小于90°的仰卧姿势。头部位置不受此限。③在整个游进过程中，运动员身体的某部分必须露出水面。在转身过程中，允许运动员完全潜入水中。但在出发和每次转身后，运动员潜泳距离不得超过15米，在15米前运动员的头必须露出水面。④在转身过程中，当运动员肩的转动超过垂直面后，可进行一次连续单臂划水或双臂同时划水动作，并在该动作结束前开始滚翻。一旦改变仰卧姿势，就不允许做与连续转身动作无关的打水或划水动作。运动员必须呈

仰卧姿势蹬离池壁。转身时运动员身体的某部分必须触壁。⑤运动员在到达终点时，必须以仰姿势触壁。

（3）蛙泳

蛙泳是第一个作为比赛的泳式，而且自由泳及蝶泳也是从中发展出来的。

①出发和每次转身后，从第一次手臂动作开始，身体应保持俯卧姿势，两肩应与水面平行。②两臂和两腿的所有动作都应同时、在同一水面上进行，不得有交替动作。③两手应同时在水面、水下或水上由胸前伸出，并在水面或水下向后划水。除最后一个动作外，在手臂的完整动作中，两肘不得露出水面。除出发和每次转身后的第一次划水动作外，两手向后划水不得超过臂线。④在蹬腿过程中，两脚必须做外翻动作，不允许做剪夹、上下交替打水或向下的海豚式打水动作。只要不做向下的海豚式打腿动作，允许两脚露出水面。⑤在每次转身和到达终点时，两手应在水面、水上或水下同时触壁，触壁前两肩应与水面平行。在触壁前的最后一次向后划水动作结束后，头可以潜入水中，但在触壁前的一个完整或不完整的配合动作中，头应部分地露出水面。⑥在每个以一次划臂和一次蹬腿顺序完成的完整动作周期内，运动员头的某一部分应露出水面。只有在出发和每次转身后，运动员可在全身没入水中时，做一次手臂充分的向后划至腿部的动作和一次蹬腿动作。但在第2次划臂至最宽点并在两手向内划水前，头必须露出水面。

（4）蝶泳

蝶泳的划手方法由德国泳手 Erich Rademacher 首次在 1926 年的胸泳（蛙泳）比赛中使用，当时，他仍使用胸泳的踢腿方式。1952 年的奥林匹克运动会之后，国际业余游泳联会决定将此泳式与胸泳分开，因而增加了蝶泳，而且运动员更可以采用海豚式的踢腿方法。

①除在做转身动作时，身体必须始终俯卧外，从出发和每次转身后的第一次手臂动作开始，至下一个转身或到达终点止，两臂均应与水面平行。任何时候都不允许转成仰卧姿势。②两臂必须在水面上同时向前摆动，并同时在水下向下划水。③两脚的动作必须同时进行，允许两腿和两脚在垂直面上同时做上下打水动作。两腿或两脚可不在同一水平面上，但不允许有交替动作。④在每次转身和到达终点时，两手应在水面、水上或水下同时触壁，触壁前两肩应与水面平行。⑤在出发和每次转身后，允许运动员在水下做一次

或多次打水动作和一次划水动作，这次划水动作必须使身体升到水面。

（5）混合泳

①个人混合泳须按照下列顺序进行比赛：a. 蝶泳，b. 仰泳，c. 蛙泳，d. 自由泳（仰泳、蛙泳及蝶泳以外的任何泳式）。②混合泳接力须按照下列顺序进行比赛：a. 仰泳，b. 蛙泳，c. 蝶泳，d. 自由泳（仰泳、蛙泳及蝶泳以外的任何泳式）。③在个人混合泳和混合泳接力项目的仰泳转蛙泳过程中，运动员转肩动作超过垂直面之前必须呈仰泳姿势触及池壁。

4. 游泳比赛中的犯规

（1）运动员必须在自己的泳道内比赛完毕，否则即算犯规。

（2）游出本泳道，或用其他方式干扰、阻碍其他运动员者应取消其录取资格。

（3）由于某运动员犯规而影响了被干扰、阻碍的运动员获得优良成绩时，则应准许受干扰阻碍的运动员补测成绩，或直接参加决赛。如在决赛中发生上述情况，应令该组重新决赛（犯规运动员除外）。

（4）比赛中运动员转身时必须使身体某一部分触及池壁。转身必须从池壁完成，否则即算犯规。

（5）在比赛中除自由泳可在池底站立外，其他泳式（包括自由泳）均不得跨越或行走，否则即算犯规。

（6）在比赛中，运动员不得使用或穿戴任何有利于其速度、浮力的器具（如手、脚蹼等，但可戴护目镜），否则即算犯规。

（7）每一个接力队应有 4 名队员，接力比赛中任何一名队员犯规即算该队犯规。任何接力队员在一次接力比赛中只能参加一棒比赛。

（8）接力比赛时，如本队的前一名运动员尚未触及池壁，而后一名运动员即离台出发，应算犯规。如该运动员重新返回并以身体任何部分触及池壁再行游出时，不做犯规论处。

（9）接力比赛前三棒运动员游完后，在不影响其他运动员比赛的情况下尽快离池，并不得触停其他泳道自动计时装置，否则即判犯规。运动员全部到达终点要尽快离池，否则即判犯规。

（10）在一项比赛进行过程中，当所有比赛的运动员还未游完全程前，未参加比赛的运动员如果下水，应取消其原定的下一次的比赛资格。在接力比赛中，当各队的所有运动员还未游完之前，除了应游该棒的运动员外，任何其他接力队员如果进入水中，该接力队员将被取消录取资格。

游泳运动的好处

游泳时，由于水的浮力作用，身体的脊柱由原来的直立状态可以变为水平状态，大大减轻了脊柱的负担，从而有效降低了颈、腰椎间盘内的压力。而且水流对脊柱、肌肉和皮肤起着一定的"按摩"作用，这也是为什么很多运动员骨骼受伤或腰肌劳损者选择水疗的重要原因。

能量的消耗与水温、速度、姿势等密切相关。水温越低散发的热量多，能量消耗越大。在12℃的水中停留4分钟散发的热量相当于在陆地1个小时所散发的热量，游泳姿势不同消耗的热量也有差异。另外，游泳所消耗的热量比用相同速度的走路每米大2~9倍。游泳时在浮力的作用下，全身接近水平状态，双腿不断用力打水滑行，这样会减少大腿、臀部、腹部多余的脂肪。

游泳能增强肺活量，加速血液循环，促进新陈代谢。

祖国医学认为：人体五脏六腑、四肢百骸、筋脉皮骨，是一个密切联系、统一协调的整体。经脉是人体气血运行之路，它有决生死、处百疾、调虚实的重要作用。经常游泳者，四肢在水中运动，由于压力和阻力原因，不仅能对心脏、心肌进行很好的锻炼，而且对中枢神经系统、心血管系统、内分泌系统、呼吸系统及消化系统正常进行起到很好作用。

运动生理学者测试表明：若在水中游100米，消耗100千卡热能，相当于陆地跑400米，或骑自行车1000米，或滑冰1500米，这也就是游完泳后很快感到饥饿的道理。

游泳时人体处于水平状态，十分有利于下肢和身体静脉血液回流心房，水对胸腔的压力促使呼吸加深，增加肺活量，水温对皮肤的冷刺激使血管急剧收缩和扩张。

《国际水上运动研究与教育期刊》刊文指出，要延长寿命，游泳是最有效的运动。实验表明，定期游泳能降低53%的死亡率，慢跑能降低50%，而走路只能降低49%。研究表明，游泳能有效地锻炼心肺功能，增强骨密度，减少患骨质疏松症的风险。同时还能使肌肉均匀伸缩，使其变的更强健，更灵活。游泳还有益于人们养成良好的姿势，矫正驼背，减少关节疼痛。这是因为人的骨骼在水中能更自然和轻松地调整运动的强度和力度。在肌肉受伤痊愈后，游泳还可以帮助患者回复肌肉节奏，它是物理疗法中非常重要的一个环节。

游泳能磨炼毅力，陶冶情操。游泳是一项很好的健身运动。但是，应持之以恒，才能达到健身的目的。

脚 蹼

脚蹼，为游泳、潜水提供强大前进动力的工具。脚蹼主要分为无跟和套脚型两种。套脚型脚蹼一般用于温暖水域或浮潜。无跟脚蹼要与潜水靴一起使用。大而坚硬的脚蹼使用起来速度快，但容易疲劳和抽筋；小而柔软的脚蹼缺少推动的力量。

脚蹼有不同的材料、设计和特点。脚蹼的设计包括有：龙骨，用来增加脚蹼的硬度和平衡；排水孔，减低对脚蹼的阻力以增加效率；导流沟，让水平滑地滑过脚蹼，增加速度。

自由泳基本技术

"自由泳"是目前速度最快的泳姿，所以有一定游泳基础又希望提高游泳速度的很多同学都可以学习自由泳。自由泳有以下基本技术：

（1）滑行：两脚在水中前后开立，双臂向前上举作深呼吸后，头部入水双脚蹬离池底（或池壁），利用蹬力使身体成流线型向前滑行1～2米，重复做8～10次。

（2）打水

①俯卧水中，手握池槽，髋关节展开，膝关节伸直，踝关节放松。用两

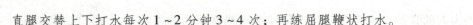
直腿交替上下打水每次 1～2 分钟 3～4 次；再练屈腿鞭状打水。

②用力时腿部要放松，重复做 8～10 次。

（3）划水：站在浅水区，两腿开立，上体前屈。

①在水中用直臂做单、双臂交替划水动作，两臂各重复做 20～25 次。

②在水中用屈臂划水，推水后的空中移臂时，肘要高于手，重复做 20～25 次。

③水中行走作直、屈臂的划水动作，每次行走 20～30 米 2～3 次。

④蹬池边滑行，做双臂水中划水动作 6～8 次。

（4）水中呼吸：游泳中的呼吸是非常重要的，不掌握正确的方法，会影响游距、会引起恐水心理、会使情绪紧张。要做好以下练习：

①呼吸练习：水中站立，在水面上深吸气后闭气，蹲入水中用嘴鼻同时吐气。慢慢起立，在嘴接近水面时吐完余气，并立即再吸气，再入水，这样做 5～6 次，站在水中，上身前倾，两手扶膝，脸部入水，做侧转头呼吸，侧转头时嘴鼻出水面吸气后闭气，头转入水中吐气，重复做 10～15 次。

②手臂部和呼吸的配合：水中站立，手臂部要"入水滑下屈划水，臂出水后快移臂"。左手臂入水时，并指提肘。随后吸气后转头入水，用嘴鼻徐徐呼气。手臂入水后与水平面成 50°角左右，进入最好的划水阶段了。手用力快速地划至肩下、腰腹时，头部侧转呼出余气。肩部带动肘、臂出水，张嘴吸气。移臂至一半时，吸气结束，开始又转头复原。右手臂入水后头部也转向前下方，又开始呼气。蹬边滑行时同样也可用上述方法练习。

③腿臂部和呼吸的完整配合：一般是 6 次打腿两次划臂的组合动作。两臂各划水一次的过程中作一次完整的呼吸（吸、闭、呼气）。选择从齐胸的深处向浅水作蹬池底的滑行游进为宜。

花样游泳

花样游泳起源于欧洲，1920 年花样游泳创始人柯蒂斯将跳水和体操的翻滚动作编排成套在水中表演。1930 年后传入美国和加拿大，在原有的基础上又逐渐配上舞蹈、音乐和节奏。起初仅作为两场游泳比赛的场间娱乐节目，后来逐渐融入舞蹈和音乐，成为一项优美的水上竞技项目。

1934 年在美国芝加哥万国博览会上举行首次表演，从而使其名声大噪。

1937 年考斯特成立世界上第一家花样游泳俱乐部。

1942 年美国业余体育联合会确认花样游泳为正式比赛项目。1952 年被列为奥运会表演项目。

1956 年得到国际游泳联合会承认。

1973 年举行第 1 届世界花样游泳锦标赛。

1984 年第 23 届洛杉矶奥运会上，成为奥运会正式比赛项目，有单人和双人两项。

1984 年花样游泳被列为正式比赛项目，设女子双人和团体两枚金牌。

花样游泳竞赛场地

在奥运会中，花样游泳比赛泳池至少 20 米宽、30 米长，在其中 12 米宽、12 米长的区域内，水深必须达 3 米。水的温度应是 26℃，误差 ±1℃。池水要清洁透明。

花样游泳器械

（1）音响设备。自选动作比赛时，音响设备由录音机、扩音器、水上扬声器、水下扬声器和无线麦克风等组成。平均音量不能超过 90 分贝，瞬间的爆破声最大不能超过 100 分贝。同时还需要提供适宜的伴奏复制设备。参赛者必须在录音带上标明单位、运动员姓名、参赛项目和音乐速度。赛前可以进行音乐带的片段测试，以调整音量和速度。

（2）裁判座椅。规定动作比赛时，裁判员集中坐在游泳池的一侧，按梯形排列。自选动作比赛时，裁判员坐在游泳池的两侧，按技术评分裁判和艺术评分裁判就座。座椅编上号码，高位者为评技术分，低位者为评艺术分。

（3）计分系统。可以采用电子系统计算分数，也可以采用评分牌（由塑料板制成）。评分牌的左右侧各装 10 层可以翻动的薄片，每层薄片上依次写上 1～10 的数字，一侧为整数，另一侧为小数，裁判员以翻动薄片示意自己的评分。

（4）服装规定。运动员必须着深色泳衣、戴白色帽子。

花样游泳竞赛规则

（1）运动员可以在陆上开始，但必须在水中结束。分规定动作和自选动作，自选动作应有音乐伴奏。各动作均有难度系数。每个动作最高得分为 10 分，以得分总和评定成绩，总分高者名次列前。

花样游泳

（2）虽然运动员们可以选择自己的音乐伴奏，但他们必须按照规定做出一套动作组合。指定动作每 4 年由水上芭蕾运动技术委员会重新制定。一名运动员必须在 10 秒钟内完成常规动作，双人组合也就要在 20 秒内完成，一个大组要在 2 分 50 秒内完成。

（3）八人组和双人组在自由表演中选择自己的音乐和动作。她们的目标是创造出一套动作，这套动作有创造性并且要能被鉴别，这套组合还需包含高难度的动作。一套这样的组合应包含有情绪和速度的变化，以及创新的动作复杂的组合和组合变化，还有壮观动作。

（4）自由表演的时间双人组 4 分钟，八人组 5 分钟。

（5）在所有的动作中，运动员有 10 秒钟可以浮在水面上，如果运动员选择它的话。这个动作可以给裁判和观众一个好的印象。虽然这个动作不被列入打分范围内，但它可以造就一个好的第一印象。如同跳水和体操，裁判们运用特别的标准给运动员打分，最高分 10 分。裁判给分计算到小数点后 1 位。5 名裁判中的两个人靠近池边，其中 1 个评判技术优点，另 1 个则考虑队员的艺术表现。

（6）技术价值是看运动员在做特别动作中完成的情况。它包括 3 个部分：执行、协调、难度。

执行要看游的方式、推进技巧和形态。运动员在水中应该轻松自如地做动作。裁判还要看运动员的耐力，一个顶尖的运动员从比赛开始到结束都应该保持高质量的游划方式并很好地运用推进技巧，而她们的花样在比赛结束时也应该如开始时那般简明而有难度。

协调性，在这一方面，裁判要看运动员和其队友及音乐的配合情况。八人组或双人组的成员们应该在动作、位置和换位上保持协调。她们无论在水上还是水下都要动作协调一致。

难度，在考虑到难度时，裁判看运动员的技巧和力量。裁判还要看运动员在水中的游法、花样的难度。还有一个考虑便是"冒险成分"——运动员在比赛中要表现出有难度相当大的技巧。

（7）艺术印象是指对动作组合的整体感觉。评判艺术印象的裁判观察运动员动作组合的创造性和多样性。他们要看运动员动作的连贯性以及动作是否表达出音乐所表现的心境变化。裁判组中的最高分和最低分都被去掉，剩下的得分平均计算。然后，平均分的60%被加在技术价值分上，技术价值分乘以6，艺术印象分乘以4，这两项得分总和就等于动作综合的得分。

这还没有结束。要决定谁是冠军以及排名，常规表演和自由表演分别拿出35%和65%组合最后得分，显然自由表演更具重要性。为算出最后得分，常规表演和自由表演分别乘以0.35和0.65，两项相加，即是最后得分。

（8）在常规表演和自由表演中，运动员如有严重犯规将被扣罚2分。比如，一个运动员为了帮自己或队友一把而触摸到了池底地面。如果是无意接触到池底则不算犯规。轻微的犯规将被扣1分，比如超时。

知识点

万国博览会

万国博览会是一项由三办国政府组织或政府委托有关部门举办的有较大影响和悠久历史的国际性博览活动。它已经历了百余年的历史，最初以美术品和传统工艺品的展示主为，后来逐渐变为荟萃科学技术与产业技术的展览会，成为培育产业人才和一般市民的启蒙教育不可多得的场所。

花样游泳在中国的发展

美国和加拿大瓜分了自设立花样游泳比赛以来的前四届奥运会所有金牌，但是随着当年的主力在1996年亚特兰大奥运会之后退役，俄罗斯与日本开始崭露头角，并在1998年世界锦标赛中称雄。中国、法国和意大利在这个项目上也进步很快。在亚洲，中国在这个项目上优势明显，日本、韩国将会对中国带来一定的挑战，夺取金牌将是中国花样游泳健儿的目标。

2006年多哈亚运会，蒋婷婷/蒋文文组合，首次战胜日本队，获得亚运会花样游泳双人金牌，打破了日本在这个项目上的亚洲垄断地位。

2008年8月23日，中国取得花样游泳集体自选动作比赛的铜牌，这是一个历史性的突破。中国双人组合蒋文文蒋婷婷也取得突破，名列北京奥运会第四名。

2010年9月16日，中国花样游泳队在江苏常熟举行的第12届世界杯花样游泳比赛自由组合赛中以97.200分摘得银牌。这是中国花样游泳队获得的首枚世界杯奖牌，实现了历史性的突破。在本届世界杯上，中国队共夺得1金3银位居奖牌榜第二，同时创四项历史纪录。

2010年11月广州亚运会，中国花样游泳队包揽双人、集体和自由自选组合3枚金牌。2011年7月，上海国际泳联第14届世锦赛，中国花样游泳队获得了6银1铜的突破成绩。

跳　水

在伦敦大不列颠博物馆里，陈列着一只古希腊陶质花瓶，这是公元前五百年时的一件文物，花瓶上描绘着一群可爱的小男孩，正头朝下做跳水的姿势。这是迄今为止所能见到跳水运动最早的图像。

在我国，一千年前的宋代就已有了跳水运动，而且具有一定的技术水平。

宋代诗人王珪曾写过一首描述当时跳水的诗："内人稀见水秋千，争擘珠帘帐殿前。第一锦标谁夺得？右军输却水龙船。"诗中所指的"水秋千"就是指花式跳水。

17世纪时，在斯堪的纳维亚半岛、地中海、红海一带的港湾，不少码头工人、船工和渔民就盛行在陡峭的岸上、桅杆上跳水。

花式跳水起源于德国。被誉为"花式跳水之父"的约翰·古特斯穆特斯在他的《游泳艺术教科书》中，就介绍过德国哈雷地区盐场工人的跳水技术。另一位德国体育教育家奥托·克鲁克在他1853年出版的《游泳和跳水》一书中，提出了53种原地跳水动作，22种助跑跳水及14种其他姿势。17年后（1870年），在该书的修订版中，已罗列出100多种跳水姿势和动作。可见，19世纪跳水运动在德国已有了很大的发展。

跳　水

现代跳水运动始于20世纪。1900年瑞典运动员在第2届奥运会上进行了跳水表演。一般公认这是最早的现代竞技跳水。美国选手德舍尔顿以12.75分荣获桂冠。1904年在圣路易斯奥运会上，男子跳水首次被正式列入奥运会项目。1912年在斯德哥尔摩奥运会上，女子跳水运动员第1次参加了比赛。1951年，女子跳水被列为奥运会正式比赛项目。2000年的悉尼奥运会上，双人跳水开始列入奥运会的比赛项目。目前，奥运会跳水比赛共设有8枚金牌。

跳水竞赛场地

跳水池面积为25米×25米，池深为5.4米。水温应为28℃~30℃。

跳水竞赛器械

（1）跳台。跳台跳水在跳水池应设5米、7.5米、10米跳台。离水面10米高的坚硬无弹性的平台上进行。跳台平面与水面距离的误差不得超过10厘米，跳台应最少长6米，宽3米，并于表面覆盖防滑材料。

（2）跳板。跳板跳水在跳水池应设1米、3米跳板，高度误差不得超过10厘米，板长至少4.80米，宽50厘米，板面要有较好的防滑性能。跳板要装有可调整支点的活动装置，跳板与水面的倾斜度不得超过1°。

跳水竞赛规则

1. 跳板比赛

（1）女子跳板比赛包括5个不同组别无难度系数限制的动作。

（2）男子跳板比赛包括6个无难度系数限制的动作，其中5个动作来自不同的组别，另1个动作从5个组别中任选。

2. 跳台比赛

（1）女子跳台比赛含选自6个不同组别的无难度系数限制的动作。

（2）男子跳台比赛含选自6个不同组别的无难度系数限制的动作。

（3）奥运会、世界游泳锦标赛、世界杯以及其他国际泳联主办的赛事（青少年分龄组比赛除外）的跳台比赛必须在10米跳台上进行。

3. 双人跳水

（1）双人跳水是由2名运动员同时从跳板或跳台起跳进行的比赛。依据双人跳水的同步性和各自完成动作的优劣进行评分。

（2）奥运会、世界游泳锦标赛、世界杯双人跳水的运动员应来自同一协会。

（3）女子双人跳水的比赛包括5个动作：其中2轮动作的平均难度系数为2.0，其余3轮动作无难度系数限制。

（4）男子双人跳水的比赛包括6个动作：其中2轮动作的平均难度系数为2.0，其余4轮动作无难度系数限制。

（5）女子双人比赛中的5个动作应至少来自4个不同的组别，至少有1

个面向前起跳的动作。

（6）男子双人比赛中的 6 个动作至少来自 4 个不同的组别，至少有 1 个面向前起跳的动作。在 6 个动作中，来自同一个组别的动作不能超过 2 个。

（7）双人比赛中两人的动作必须相同。

桅　杆

　　桅杆，船上悬挂帆和旗帜、装设天线、支撑观测台的高的柱杆，木质的长圆杆或金属柱，通常从船的龙骨或中板上垂直竖起，可以支撑横桁帆下桁、吊杆或斜桁。轮船上的桅杆用处很多。比如用它装信号灯，挂旗帜、架电报天线等。此外，它还能支撑吊货杆，吊装和卸运货物。

初学跳水的注意事项

　　跳水是一项十分有益的健身运动，从事这项运动的人越来越多。但如果不注意安全卫生，特别是初学的人，其后果往往是严重的。因而跳水者应注意以下几点：

　　健康检查：跳水前应先经体格检查。凡患有心脏病、高血压、肺病、肝炎、重感冒、眼病、传染病、中耳炎、大病初愈和妇女月经期都不宜跳水。

　　饱食与空腹不宜跳水：跳水一般在饭后一小时左右进行为好。刚吃饱饭跳水，容易引起消化不良；空腹跳水，因血糖低，容易引起头昏等症，导致事故的产生。

　　准备活动：跳水前的准备活动一定要充分，必须将四肢、腰背、头颈、关节充分活动开。

　　预防胸腹受伤：初学跳水，尚未完全掌握入水的正确姿势和角度，会使胸膜部与水面往往发生拍击现象。轻则皮肤发红，重者可能导致胸膜部疼痛，甚至发生内脏震荡或小血管破裂。因此在练习跳水时，应从低处开始，逐步增高，并注意掌握好入水的姿势和角度。

避免鼻腔呛水：如果入水后未能迅速改变头朝下的姿势，鼻咽腔中的空气逸出较快，这时水压相应增大，水就可能呛入鼻腔或鼻腔深处，会产生一种异常难受的冲击感觉，甚至能引起鼻疾。预防鼻腔深部呛水，入水后要迅速展开手掌压水并抬头，以改变头朝下的姿势。鼻腔如有少量呛水，应赶快上岸，并轻轻擤鼻涕，以排除鼻腔内的多余水分。

赛　艇

赛艇运动起源于英国。17 世纪泰晤士河的船工们经常举行划船比赛。1715 年为庆祝英王加冕，首次举行赛艇比赛。1775 年英国制定赛艇竞赛规则，同年成立了赛艇俱乐部。1962 年在瑞士举行第一届世界赛艇锦标赛，至 1974 年共举办 4 届。从 1975 年起每年都举办一届世界锦标赛。

1896 年第 1 届奥运会已将赛艇列为正式比赛项目，但由于天气恶劣临时取消。1900 年第 2 届奥运会上举行了赛艇比赛，设 6 个单项。但当时的比赛规则不完善，比赛的距离、航道和比赛细则都不明确。1934 年，国际赛艇联合会规定比赛必须在 2000 米的直道上举行，宽度至少可容纳 3 条艇比赛。从 1976 年开始，允许女子运动员参加奥运会赛艇比赛。

赛艇运动

1996 年亚特兰大奥运会，轻量级赛艇比赛及新规则被引入奥运会，男子、女子同时设立了轻量级赛艇项目，比赛仍为 14 项。

1982 年第 9 届亚运会在印度新德里举行，赛艇第一次成为亚运会的正式比赛项目。当时，日本赛艇被认为是亚洲的霸主，他们对于 4 块金牌志在必得，但是中国选手包揽了全部金牌。在 1988 年奥运会上，国家赛艇队在奥运会上获得了一块银牌、一块铜牌和一个第 5 名，这个成绩震惊了世界，因为从来没有一个亚洲国家曾经打破过欧美选手在这个项目上的垄断。

赛艇竞赛场地

赛艇比赛是在航道的无污染水域进行的。水深不低于 2 米，直线长度不少于 2200 米，宽度不得少于 100 米。比赛的航道为静水，至少有 6 道，最好为 8 道，每条宽 12.5 ~ 15 米，最好为 13.5 米。

航道由设置的浮标（阿尔巴诺系统）来标明的。浮标的间隔距离为 10 ~ 12.5 米，可用球形标或方形标。球形标的直径不应超过 15 厘米，方形标一般为 10 厘米 × 10 厘米 × 20 厘米，其颜色最好是橘黄色。但在起航区 100 米和终点区内的浮标颜色应用红色。起点 100 米处应有两面白旗插在浮标上置于航道外两侧 5 米处，终点线航道两侧 5 米也同样置两面红色旗。

从起点开始，每 500 米应置一距离标记，起终点均有清晰的标志牌。正式比赛场地，应备有上下水码头、工作码头、消浪设施、发令塔（台）、终点塔（台）、船库等。

赛艇竞赛器材

（1）舟艇、桨、桨架的制作材料、形状大小、原则上没有限制。

（2）各种舟艇的最轻重量有严格规定。

（3）舵手的内舱开口必须至少 70 厘米长、50 厘米宽。

（4）8 人艇构造必须分段式，最长的一节不超过 11.9 米。艇首须装置一直径为 4 厘米的软橡胶或类似材料做成的白球。

（5）桨叶的周边最低厚度，单桨为 0.5 厘米，双桨为 0.3 厘米。

赛艇竞赛规则

1. 比赛环境

赛艇比赛距离男、女均为 2000 米。每条航道宽 13.5 米。一般为 6 条航道，最多为 8 条航道。比赛必须在静水水面上进行，还有适当的准备活动水

域。终点线外至少留有100米的自由水域。航道两边，应各留有一条航道宽度的安全警戒水域。比赛开始时，各艇在起航线后排齐。发令员发令后，各艇以最快的速度划向终点，以艇首到达终点的先后判定比赛胜负。

在天然水域比赛，气候对比赛成绩会产生影响，甚至前后两组比赛时的气候也会发生变化，因此比赛成绩也不具有绝对的可比性。所以，赛艇比赛成绩没有世界纪录。运动员应在自己的航道内完成赛程。由于桨手背向终点，因此可以划入他人航道，但不得影响他人的正常划行，以艇首到达终点的先后顺序判定名次。预赛中失利的运动员，仍有机会通过复赛和半决赛取得决赛权，所有参赛艇都将决出最终名次。

2. 对运动员体重的要求

男子轻量级单人双桨运动员的体重不得超过72.5千克；单人以上项目一条艇桨手的平均体重不得超过70千克，每个桨手体重最多不得超过72.5千克。女子轻量级单人双桨运动员体重不得超过59千克，单人以上项目一条艇桨手的平均体重不得超过57千克，单个桨手体重最多不得超过59千克，舵手的最轻重量为男子55千克，女子50千克，当体重不足时，应增加相应的加重物，放在离舵手最近的地方，加重物不得超过10千克。

轻量级运动员和舵手应在每天第一次比赛前1~2小时内称量体重。

3. 比赛通则

（1）检查组在赛前或赛后，对参赛艇运动员的资格、服装颜色、体重、舟艇等进行检查或抽查。

（2）运动员划向起点附近，发令员宣布×队×道时，运动员即可进入自己航道练习。

（3）当发令员宣布还有2分钟时，各艇必须就位做好出发准备。如未就位，将给予警告一次。

（4）发令员根据情况，开始点名。点名结束后，喊预备口令"Attention"，然后举红旗，清楚地停顿之后向一边挥下红旗，同时喊动令"Go"。

（5）两次犯规的舟艇，被取消比赛资格。

（6）每组比赛抢航总数不超过3次，第3次抢航的舟艇将被取消比赛资格。

（7）在100米起航区内器材损坏的舟艇，应及时举手示意，经航道裁判

员证实后可召回重新起航。如不属于器材损坏范围则比赛继续。

4. 出发和冲刺

当所有参赛舟艇在比赛起航线就位时，发令员会发出口令"两分钟准备"。此时，所有参赛选手都会全神贯注地等待发令员的指令。当发令员确认所有参赛选手和工作人员全部就位，会再次逐航道检录赛艇，以做最后确认。如果起点裁判员仍平举白旗或开启着白色灯，发令员则可发出"预备"的口令。如果起点裁判员的白旗放下或白灯熄灭，比赛不会开始。下达预备口令后不久，发令员会按下一个按钮，蜂鸣声响起，挡在每条赛艇前端的保护挡板会自动沉入水中，比赛正式开始。

如果发现有人抢航：发令员将用铃声召回赛艇，重新比赛。两次抢航犯规的赛艇将被取消继续比赛的资格。

每条赛艇的艇首通过终点线的时候，终点裁判员都要按下计时器，并拉响终点汽笛，以通过终点的顺序判定名次。如有争议将通过终点录像进行判定。

赛艇部分技术术语

正力：各种类型船艇的动力来源，有的是发动机有的是风帆。无论是发动机驱动的螺旋桨或一帆满风吹着风帆，其动力都是连续不断的。赛艇运动的推进力却是断断续续的，因为运动员拉桨时，桨叶在水里有力的作用，这时产生推进船艇前进的积极力量，这是正力。当桨叶出水后，船艇只依靠惯性力作用，这里正力的作用消失。

负力：赛艇运动的推进力和其它船艇不一样，当运动员拉桨时，桨叶在水里可以产生积极的推进力。而桨叶出水后就没有推进力的作用，而且由于滑座的运动和身体质量的方向转换，对船艇产生一个很大的负力，这个负力对抗前进着的船艇，是一个消极力量。赛艇技术好与差的标志之一，就是要限制消极力量的作用，充分利用积极力量。

划距：指比赛中每划一桨船艇移动的距离，即比赛全程距离除以该艇所划的桨数。划距反映了运动员划水的效果，它与运动员的划幅、桨频等因素有关。初学者和青少年运动员应强调划距，从每桨的划分效果来改进划桨技术。

划桨周期：指次划桨动作的全过程。赛艇运动的划桨周期由桨叶入水、桨划分、某叶出水、回桨所组成。从运动员的动作来说，是提桨、拉桨、按转桨、推桨。整个划桨周期是连贯而不间断的。

划桨节奏：是指一个划桨周期内部各阶段速度和力量的比例。在一个划桨周期中，通常要求拉桨快而回桨慢，拉桨用力而回桨时放松。例如，假定每分钟划40桨，则每一桨的周期为1.5秒。划桨节奏要求拉桨用0.5~0.6秒，而回桨要用0.9~1秒。划桨节奏是运动员技术是否合理的标志。

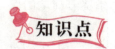

世界赛艇锦标赛

世界赛艇锦标赛是由国际赛艇联合会举办的国际赛艇比赛。在北半球夏末举行，比赛持续1周，在非奥运年是世界赛艇界的焦点。

首届比赛于1962年在瑞士卢塞恩举行，每4年举办一届，从1974年开始每年一届。也是从1974年开始增加男子轻量级和女子无差别级，1985年增加女子轻量级。从1996年开始在奥运年同时举办世界青少年赛艇锦标赛，2002年开始增加残疾人项目。国际赛艇联合会还从1997年起，每年举办赛艇世界杯。

赛艇观战指南

赛艇是一项古老而优雅的集体项目，在世界上深得男女老少喜爱。世界上著名的大学：英国的剑桥、牛津大学，美国的耶鲁、哈佛大学，澳洲的墨尔本、悉尼大学，日本的早稻田、庆应大学，我国的清华、北大、复旦、交大都有赛艇队。

赛艇比赛距离为2000米，它的编排系统非常科学，根据不同的艇数淘汰赛事有预赛、复赛、半决赛、决赛。任何一条艇都有两次机会进入决赛：预赛第一名，或者是通过复赛前名次进入。

观看赛艇比赛主要看：运动员的动作是否整齐划一、协调自然；桨叶出水是否轻盈、入水是否快捷；船行走时的起伏是否流畅；桨叶在水下的做功距离与运动员的身材是否相称；桨频与船速度的关系。

赛艇要欣赏运动员矫健的体形，整齐划一的动作，漂亮的舟艇在水面划过的轨迹以及旋转的水涡。再加上人体所必需的阳光、空气、水三大要素，无不给以美的享受。总之赛艇运动魅力无穷，只有深谙其道，才会品味悠长。

皮划艇

皮划艇运动是短桨运动的一种。从场地的角度分，短桨运动一般分为激流皮划艇、障碍回旋、皮划艇马拉松、皮艇球、探险漂流等。

皮划艇运动是从独木舟发展起来的，是人类生产劳动和日常生活的一种水上交通工具，最先使用皮艇的是北美洲的因纽特人，最早的皮艇是用动物皮、骨骼制成，有的是用整棵大树经过精心凿刻而成，它的发展与人们漫游欧美北部海域有关。

后来，"现代皮艇之父'苏格兰人约翰．麦克格雷戈造了一条4米长、75厘米宽、30千克重的"诺右诺尹"皮艇，在1864年到1867年游历了英国的海域，并旅行到法国、德国和瑞典。到目前为止，皮划艇运动有100多年的发展史了。

艇分皮艇和划艇两个项目，皮划艇包括皮艇和划船，都是两头尖小，没有桨架的船艇。由于这两种艇的比赛场地、比赛距离、比赛规则和裁判方法基本相同，因此皮艇和划艇统称为皮划艇运动。但这两种艇的船形结构、桨的形状、运动员的划桨姿势、握桨方法和技术动作则完全不同。皮艇运动员是坐在前后都有甲板的座舱内，握一只两端都有桨叶的桨，在艇两侧左右轮流划桨。划艇则是桨手前腿成弓步，后腿跪着，两手握一支单面桨在艇的一侧划水，分左桨和右桨。皮艇有尾舵，由桨手两脚操纵；划艇无舵。

1924 年，皮划艇作为表演项目进入奥运会，1936 年，成为奥运会正式比赛项目；1972 年，皮划艇又增加了急流回旋项目。由于花费太高，该项目也在慕尼黑奥运会之后马上撤出了奥运会。

皮划艇比赛

1992 年巴塞罗那奥运会恢复了该项目比赛，1996 年亚特兰大奥运会保留了该项目，而悉尼奥运会也举行了该项比赛。

在皮划艇运动的开展过程中，不少人为了提高船速，热衷于艇形的改造。19 世纪末德国工程师赫曼根据自己的飞行经验，将皮艇制造成鱼形，提高了船速。以后，英国造艇家弗龙德发现船体越长阻力越小，速度也越快，因此造船者纷纷加长船体。1923 年，丹麦、瑞典、奥地利等国家组成了一个工作委员会，规定了艇的长度为 5.2 米，宽度为 51 厘米。1956 年又出现了凹形船体。到 1960 年，横向的凹形轮廓线达到了顶点。1964 年，国际划联又制定了"无凹面"的规则，使艇设计标准化。

皮划艇竞赛场地

皮划艇比赛可在自然水域或人工场地进行。自然水域必须要有直线长度不少于 1200 米、宽度不少于 100 米、水深不浅于 3 米的无急流、无污染、无暗礁石头的水域。比赛通常采用 9 条航道，每条航道宽度至少 5 米，一般为 9 米，航道外 5 米内不应有障碍物。航道是用间距不超过 50 米的浮标拉成的。终点线外 1～2 米处为 1 立方米的白底黑字航道牌，如要进行 1000 米以上的比赛，可以转弯，但起点至第一个转弯处距离至少 1000 米，最后一个转弯处到终点距离至少为 1000 米，转弯处半径至少 40 米，用 6 面旗子标出。起点设发令（塔台），终点设终点塔（台）。赛场须备有上下水码头、船库、工作码头、救护及交通设施和通讯设施。有条件的地方还须配置自动计时、分段计时系统和终点录像系统。

皮划艇竞赛器材

（1）皮艇的器材规格。皮艇允许用任何方法、任何材料制造，允许在艇上装舵，皮艇桨必须两头有桨叶。舟艇最大长度：单人艇为 5.20 米，双人艇为 6.50 米，四人艇为 11.00 米；最轻重量：单人艇为 12 千克，双人艇为 18 千克，四人艇为 30 千克。皮艇桨叶从 20 世纪 60 年代以后由方形改变成羽毛形，两端桨的角度由原来互成 90°改为互成 86°~88°，桨叶弯曲度也显著减小。桨杆从原来的圆形改成椭圆形。桨的长度无统一规定，一般男子桨为 2.22~2.28 米，女子桨为 2.16~2.22 米。

（2）划艇的器材规格。划艇允许用任何方法、任何材料制造。单人划艇和双人划艇的艇身可以完全敞开，如果合闭，它们中间敞开长度不得小于 280 厘米；四人划艇的中间敞开长度不得小于 390 厘米。划艇两弦必须与中线对称，艇下不能装舵。

皮划艇竞赛规则

皮艇有舵，比赛时，运动员坐在艇内，面向前方，手持两头带桨叶的桨在艇的两侧轮流划动，依靠脚操纵舵控制航向。有单人艇、双人艇、四人艇和障碍回转项目。单人艇艇长 520 厘米，宽 51 厘米，重 12 千克。划艇两头尖，艇身短，无桨架，无舵。划桨时前腿成弓步立，后腿半跪，手持一头带有铲状桨叶的桨在固定的舷侧划水，并控制方向。有单人艇、双人艇、障碍回转项目。双人划艇艇长 520 厘米，宽 75 厘米，重 16 千克。

1. 静水比赛规则

在奥运会比赛中，皮划艇静水比赛通常与赛艇比赛合用一个水上赛道，为满足赛艇比赛的需求，赛道必须满足以下最小测量范围的要求：长 2200 米（直线距离），宽 120 米，最小深度 2 米，航道旁边至少有一边直的河岸离第一条航道的最大距离为 50 米。

比赛进行时，禁止非参赛的铅艇进入整个或部分航道，甚至浮标外区域。在 1000 米以内的比赛中，参赛运动员必须在从起点至终点的本航道内划行。运动员应尽可能地保持在其航道的中心线上划行，两名运动员之间距离不得小于 5 米。在比赛过程中，由于本身原因而翻船的，允许运动员不依靠他人帮助重

新上船继续比赛，但不得越出本航道，并应在下一组比赛开始前划到终点才有效。

艇首到达终点线的时间为到达时间，艇中的运动员必须全部通过本航道的终点线才算有效。此时，终点裁判长应用音响设备发出到达信号。比赛艇通过终点线，艇上应有航道牌，如因故航道牌失落，运动员应向终点裁判长说明情况并报告航道号码，等待航道裁判员的决定。

2. 激流回旋比赛规则

赛道长为 250～400 米。其测量标准是从起点线至终点线之间水道的中间最小值，赛道最小平均宽度 8 米，水流落差一般大于 5 米，水深大于 0.6 米，最大水流每秒 18 立方米。

热身和放松水域一般在起点区域或终点区域。

赛道中有固定的和可移动的障碍物，根据训练和比赛需要，可以将障碍物组合成多种不同形式。比赛时，赛道中布置 18～24 个水门。其中一部分是顺水流方向的顺水门，另一部分是逆水流方向的逆水门。比赛中运动员要不触碰门杆，顺利通过规定的顺水门和逆水门。

运动员在比赛时必须按门编号顺序通过水门。门号牌为 30 厘米长，30 厘米宽，底色为黄色或白色，两面用黑漆写上 20 厘米高的号码。

一般情况下，运动员在出发区准备就绪，采取静止出发方式，由一名扶船员帮助出发。预赛出发顺序由国际划联根据运动员的世界排名确定；半决赛的出发顺序根据预赛成绩确定；决赛的出发顺序根据半决赛成绩确定，成绩好的后出发。

运动员必须按照水门号码顺序和标出的正确方向通过各个水门。水门的设置由总裁判长、裁判长、技术组织者和赛道设计者确定。运动员的整个头部及艇身全部或部分通过水门杆之间的连线，艇、桨及身体的任何部位不触及门杆并以指定方向通过水门时，视为正确通过，不罚分；如运动员艇、桨或身体在通过水门时触及门杆，视为碰杆，罚 2 分；如运动员没有通过指定水门或方向错误，视为漏门，罚 50 分。

比赛过程中桨折断或丢失时，运动员只能使用艇上的备用桨。当艇底向上，运动员（男子双人划艇中任一运动员）脱离艇时可视为翻艇。

3. 计算成绩和公布成绩

两轮比赛时间（以秒为单位）＋罚分＝成绩。

运动员在比赛中脱离艇则被取消该轮比赛成绩。

皮划艇运动是一项很有锻炼价值的水上运动，属速度和耐力项目。经常参加皮划艇运动，能有效地增强心血管系统和呼吸系统的功能，加大肺活量，发展全身肌肉力量和耐力素质。

皮划艇不仅是一项体育运动，其实也是适合普通人参与的悠闲户外项目，而且特别能锻炼人的平衡性与协调性与其他健身房的划船机不同的地方是，能够在运动中，享受到与自然融为一体的感觉。皮划艇携带方便，但是上手后发现很难控制方向，等到上手以后，会感到其中乐趣。

皮划艇运动主要技术

抓桨：正确的抓握，以及调整好桨的角度很关键，拉桨角度接近 90°。对于初学者或者风力很小时，选择适合个人习惯的角度就行。

划桨：划桨时手握桨杆，开划时腰部转动带动手臂用力。身体不要上下摆动，尽量保持重心平稳。人在船内的坐姿和握桨起始姿势，应该放松，肩尽量往前伸展，不要用力过猛。有人过于紧张，上肢不放松，没有多久即产生肌肉酸疼。除了肌肉长时间绷紧的原因外，还包括他的用力不对，许多人误以为靠手臂发力，比如划桨的走向过于贴近船体，用力姿势或角度不对，身体得不到舒展，靠手臂用力，容易造成肌肉拉伤的运动伤害，建议采用直臂拉桨，用腰的力度。

知识点

舵

利用船舶航行时作用于舵叶上的流体动力而控制船舶航向的装置。通常由舵叶和舵杆组成。

按舵杆轴线的位置不同可将常用舵划分为普通舵、平衡舵和半平衡舵 3 种。

延伸阅读

皮划艇观赛必知

皮划艇比赛是一项能够给人很大美感和愉悦享受的运动，它既有激烈的对抗和竞争，也有运动员完美发挥技术时展现的运动之美和韵律之美。所以观众在观看比赛的时候，应当动静结合。

观看比赛的时候，观众能欣赏到运动员矫健的体形，有力的动作，漂亮的舟艇在激流中划过的轨迹。再加上人体所必需的阳光、空气、水三大要素，无不给人以美的享受。同时，皮划艇比赛因为在室外进行，加上水的反光作用，观众一定要注意防晒并进行适当的防暑降温的保护。

由于皮划艇项目的比赛场地都选在室外，观众也只能在水面的两岸为运动员加油助威。在静水比赛项目中，无论是单人项目还是多人项目，比赛的关键在于节奏的掌控。观众最好能找准运动员的比赛节奏，跟着运动员划桨的节奏为他们加油，这样才会真正帮助运动员。

1. 奥运会皮划艇比赛在下午举行，要随身携带防晒霜，但是看台上尽量不要打伞，因为这会影响后面观众的视线，可以戴一顶遮阳帽，墨镜也是必备的观赛单品。另外有条件的观众可以携带望远镜，因为赛场真的非常大。

2. 如果感觉天要下雨，也可以拿上雨衣备用。

3. 观赛期间多喝水，天气热，流汗多，防止中暑。

4. 皮划艇赛场和田径赛场类似，只要发令后，你可以尽情为喜爱的运动员加油助威，不怕声音大，小了运动员反而听不到。

帆 船

借助风帆推动船只在规定距离内竞速的一项水上运动。1896 年被列为首届奥运会比赛项目，因天气不好未举行。1900 年再次被列为奥运会比赛项目。原为男女混合项目，从 1988 年奥运会起男女分设。

历届奥运会比赛船型不固定，第9届奥运会以前根据重量或长度分型，如0.5吨以下型、0.5~1吨以下型、12米型、8米型等等。第10届奥运会以后逐渐按多方面性能、数据划分船型，不少型号还以设计者的国籍或名字命名。

在1986年韩国釜山亚洲运动会上，我国运动员林家成和陈洪太获男子470级比赛金牌，这是我国运动员第1次在国际比赛中获得金牌。2006年5月陈秋斌夺得世运会女子帆板金牌，2006年8月上海小将徐莉佳在美国加州进行的世界帆船帆板激光级锦标赛中以提前一轮的绝对优势夺得女子组冠军，

帆船比赛

这是中国内地选手在帆船帆板项目上夺得的第1个奥运项目世界冠军。

帆船竞赛场地

帆船比赛要求在宽阔的海面上进行，距海岸应有1~2公里。比赛场地由3个浮标构成等边三角形，每段航线长不少于2~2.5海里。起点线和终点线采用两个标志之间的连线，其宽度为100~200米。起点线和终点线应平行。

帆船竞赛器械

世界上帆船种类很多，归纳起来，大约可分龙骨艇、稳向板艇、多体艇3类。

（1）龙骨艇（艇长6.5~22米），最小由2~3人操纵，最大的由15人或更多人操纵。

（2）稳向板艇，此类艇不是像龙骨艇在船体下装舵，而是在船体中部装稳向板。船体最大的长6米，最小的长2米，由1~2人操纵。

（3）多体艇，中国目前有'飞行荷兰人'型艇（双人）和"芬兰人"（单人）艇两种，均属龙骨艇。

①"飞行荷兰人"（双人）艇全长6.05米，宽1.70米。船上装有舵、

舵柄、稳向板、桅杆、使帆杆、球形帆杆、固定桅索、吊索和帆具，前帆面积 7.80 平方米，主帆面积 10.80 平方米，球形帆面积 17.80 平方米。风速在 10 米/秒左右时，船速可达 40 千米/时以上。

②"芬兰人"（单人）艇全长 4.50 米，船上装备简单，仅一面主帆，面积 10.60 平方米。

帆船竞赛规则

1. 名次计算

奥运会、世界帆船锦标赛和中国帆船锦标赛通常都采用奥林匹克梯形航线。奥运会运动员限额为 400 名；270 条帆船参赛。每个国家每个项目只允许一条船参赛。竞赛共进行 11 轮（49 人级 16 轮），前 10 轮（49 人级前 15 轮）选其中最好的 9 轮（49 人级 14 轮）成绩来计算每条帆船的名次。每一轮名次的得分为：第 1 名得 1 分，第 2 名得 2 分，第 3 名 3 分，第 4 名 4 分，以此类推。前 10 名的船进入决赛。每条帆船在每一轮比赛中的名次得分相加，就是该船的总成绩。总成绩得分越少者名次越前。

2. 竞赛

（1）国际帆船比赛规则规定，参加比赛的运动员可以自带船和帆，只要经过丈量委员会按级别规定丈量合格者，均可参加比赛。

（2）奥林匹克梯形航线有两种绕标方式，一种是外绕，另一种是内绕。外绕的竞赛航线顺序是：起航—1—2—3—2—3 一终点；内绕的竞赛航线顺序是：起航—1—4—1—2—3—终点。帆船比赛根据比赛时的气象、水文情况确定赛场的大小。不同级别的比赛用时不同，一般在 45～90 分钟之间。

（3）帆船比赛主要有两种形式，一种为集体出发的"团队比赛"，另一种为两条船之间一对一的"对抗赛"。奥运会帆船比赛都是采用"团队比赛"的方式。

（4）起航信号发出后，赛船的船体、船员或装备的任何部分在通向第 1 标的航向时，触及起航线，即算"起航"。起航信号发出前，赛船的船体、装备或船员身体的任何部分触及起航线或其延长线，均为"抢航"。抢航者要在规定的时间内按规则规定的方式返回到起航准备区重新起航。

（5）参赛帆船的船体、装备或运动员身体的任何部分，在按照规定的比

赛航程上绕过了所有规定的标志并触及终点线时，该船即为结束比赛。

3. 信号与避让

（1）帆船比赛的信息交流方式是展示"信号"，包括视觉信号（国际航海通用代码旗）和听觉信号（音响）两种，而且以视觉信号为主要依据。

（2）帆船竞赛规则规定了比赛进行中各种信号和避让规则，以免碰撞和发生事故，竞赛的帆船必须共同遵守。其中最重要的一条是"公平航行"，必须以高超的技术和最大的速度去赢得胜利，不允许试图用不正当的手段取胜。

（3）在竞赛航行细则中还规定航程和绕标的方向，所有帆船必须按规定的一侧绕标，否则以未完成比赛处理。如果帆船在竞赛中犯规，则要按竞赛规则、航行细则等规定接受惩罚，然后继续比赛。

（4）裁判船是在帆船比赛中用于组织和指挥的设施。所有的"信号"都是在裁判船上展示的。在起点船信号旗杆上升起某一个级别旗时，表示"出发了"该级别的预告信号，离起航还有 5 分钟；升起"P"旗（或者 I、z 旗和黑旗），表示离起航还有 4 分钟；降下"P"旗（或者 I、z 旗和黑旗），表示离起航还有 1 分钟；降下级别旗并伴随一声音响信号表示起航。

（5）在未打开起航线之前，帆船抢先通过起航线者，为抢航，个别召回重新起航。如果有较多的帆船抢航，裁判员无法辨明抢航帆船时，则全部召回该级别所有帆船，重新起航。帆船从 5 分钟准备信号开始，必须遵守竞赛航线规则和航行细则。

4. 注意事项

（1）帆船比赛在海上进行，而海上情况比较复杂，帆船运动员首先要求会游泳，并能游较长的距离。此外，必须有良好的身体素质去适应长时间海上风浪的颠簸。

（2）国际帆船比赛，经常在强风中进行，风速每秒 10～12 米，既要保持航向和把握航速，又要避免翻船，这就需要运动员尽力去控制帆和船，保持船的平衡。同时又要以清醒的头脑去掌握周围的环境、水的流速、流向和气流变化。

（3）在参赛船只较多的情况下，还必须熟悉竞赛规则，避免犯规。优秀运动员还必须懂得检查、整理船上的装备，尤其是调整帆具，以获得最大的升力。

帆船的历史和人类文明史一样悠久。直至目前，帆船比赛还是各项运动中最超然的，因为对手不是别人，而是你自己以及复杂的大自然。

对帆船初学者而言，首先要解决一个问题，就是观察和领悟自然，培养对海洋的风流水流以及它们之间变化的高度敏感性。这意味着你必须时刻关注风向、天气、波浪、水流以及与岸的距离。对于一个终日生活在海洋上的人来说，也许是项极度机械而枯燥的工作，但是，对于今天和海洋文明脱离许久的城市人而言，却是极大的乐趣。通过体会这些环境因素并且预测周围的变化，你就会不依靠他人在各种不同环境中自信地航行。

其中最大的乐趣就是与变化不定的风进行抗争。航行时，水手要知道风从哪个方向吹，这时最能唤回运动者最古老的若干本能，做一个合格的捕风人，必须具备特殊的判断力。所以，帆船运动需要更多的智力，运动者除必须的体力外，还要有丰富的本能智慧，后天的判断能力，必须让风与帆保持适当的角度才能快速前进。

相比起一般运动，它的装备极为繁琐。首先你必须拥有造价不菲的帆船，还有各种服装、设备等等，因此它很自然被视为贵族运动。这种花高昂价格买来的孤独感和英雄感，正是无数成功者的追求。来自人对周环境的征服，帆船一直被视作最有享受感的运动。

亚洲运动会

亚洲运动会简称亚运会，是亚洲地区规模最大的综合性运动会，每4年举办一届，与奥林匹克运动会相间举行。最初由亚洲运动会联合会主办，1982年后由亚洲奥林匹克理事会主办。1951年举办第1届。

国际奥林匹克委员会承认亚洲运动会为正式的亚洲地区运动会。根据亚奥理事会2009年7月的决议，原2018年的亚运会推迟到2019年举行，以后仍每4年一届。

延伸阅读

帆板运动

帆板运动是介于帆船和冲浪之间的新兴水上运动项目，帆板由带有稳向板的板体、有万向节的桅杆、帆和帆杆组成。运动员利用吹到帆上的自然风力，站到板上，通过帆杆操纵帆使帆板产生速度在水面上行驶，靠改变帆的受风中心和板体的重心位置在水上转向。因和冲浪运动有密切关系，故又称风力冲浪板或滑浪风帆。

帆板起源于 20 世纪 60 年代末世界冲浪胜地夏威夷群岛，1970 年 6 月由美国一位冲浪爱好者电脑技师修万斯设计制造出世界第一条带有万向节的帆板，并获专利权，此后在当地很快兴起帆板热，不久便流传到欧洲、澳洲和东南亚一带，现在全球性的帆板热方兴未艾。

首届世界帆板锦标赛于 1974 年举行，现在世界性的国际帆板协会每年举行多次国际比赛，1981 年帆板作为帆船的一个级别被接纳为奥运会大家庭的一员，1984 年洛杉矶奥运会第一次把帆板列为正式比赛项目。现在所有大型综合性运动会如奥运会、亚运会、全运会都有帆板比赛，每年世界各地还举行经常性的职业选手系列赛。

TIYU ZHISHI BOLAN

搏击类体育活动

　　搏击运动于20世纪60年代发端于欧美，是一种没有套路、没有宗派、强调个性风格、以实战求胜为主旨的西方自由式全接触徒手攻防搏击术。

　　搏击运动兼容并蓄了东方中国武术、日本空手道、柔道、剑道，韩国跆拳道，泰拳以及西方拳击和摔跤等武道的精华，是现代东西方武道文化和技艺的最佳结合产物，是当今世界武坛独树一帜、高度科学化和艺术化的先进实战武道，体现了人类武道融汇的成果和结晶。

 ## 击　剑

　　击剑是从古代剑术决斗中发展起来的一项体育项目，它结合优雅的动作和灵活的战术，要求运动员精神的高度集中和身体的良好协调性，体现出运动员良好的动作和敏捷的反应。早期的击剑由于缺乏良好的护具，容易对运动员的身体造成创伤，引起流血，重伤，甚至死亡。自从现代击剑中引入了完善的保护衣具，并采用钝的剑尖，已经消除了这项运动的危险性，也极大地促进了这项运动在全世界范围内的传播。

　　1896年在雅典举行的第1届现代奥运会上就设有男子花剑、佩剑的比赛。1900 年在巴黎举行的第 2 届奥运会上增加了男子重剑比赛。1913 年国际击剑协会成立。次年 6 月国际击剑联合会在巴黎通过了第一个国际击剑规则。1924 年在巴黎举行的第 8 届奥运会上又增加了女子花剑比赛。1992 年在巴塞罗那举行的第 25 届奥运会上，女子重剑被列为正式比赛项目。女子佩剑于 2004 年雅典奥运会上被正式列为奥运会项目。

1913 年 11 月 29 日在法国巴黎成立了国际击剑联合会。1914 年 6 月在巴黎通过了《击剑竞赛规则》，从而使击剑运动竞赛趋向公平、合理。

1931 年，重剑比赛开始使用电动裁判器。1995 年，电动花剑裁判器也运用于比赛。1989 年，佩剑比赛开始采用电动裁判器。电动裁判器的发明也是现代击剑运动史上的一个里程碑。它使击剑比赛更加公平，同时推动击剑技术向更新的高度发展。

击剑是一项智者运动，为了战胜对手，剑手必须不断地分析对手，

击剑运动

通过观察判断，排除假象，辨别真伪，捕其本质，以迅速准确的结论来指导自己的行动。因此，击剑运动能培养人的多种运动素质及形体气质和礼仪，锻炼敏捷灵活的思维、随机应变的能力和战胜困难的各种心理品质。

击剑竞赛场地

花剑比赛场地长 14 米，宽 1.8～2.0 米。佩剑和重剑场地长 18 米，宽 1.8～2.4 米。

击剑竞赛器械

（1）花剑。花剑重量较轻，不超过 500 克。剑柄有 3 种形式，即直柄式（法国式）、横梁式（意大利式）、手枪式（比利时式）。剑长 110 厘米，剑身长不超过 90 厘米，横断面为长方形。花剑攻击有效部位为躯干。

（2）佩剑。佩剑规格重量不超过 500 克，剑长 105 厘米，剑身不超过 88

 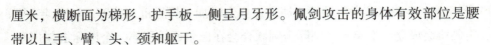

厘米，横断面为梯形，护手板一侧呈月牙形。佩剑攻击的身体有效部位是腰带以上手、臂、头、颈和躯干。

（3）重剑。重剑重量不超过 770 克，剑长 110 厘米，剑身长不超过 90 厘米，横断面为三角形，护手盘比花剑大。攻击的身体部位是全身。

（4）服装。击剑比赛时，运动员须全身着白色服装及长裤长统袜，头戴护面。花剑运动员要穿金属线制成的金属衣。

击剑竞赛规则

击剑比赛分为个人赛、团体赛。个人赛采用小组循环制和直接淘汰制，团体赛直接采用单败淘汰赛制。

直接淘汰赛的每一场比赛方法采用每盘击中 15 剑，比赛时间为 9 分钟。每盘分为 3 局，每局 3 分钟，局间休息 1 分钟。一名运动员击中 15 剑或者 9 分钟规定时间全部用完，击中剑数多的运动员获胜。若在规定时间结束时出现平分，则需加赛 1 分钟。加赛中，击中第一剑的运动员获胜。加赛前，运动员必须进行抽签，若平分情况持续至加时赛结束，则抽中优胜权的运动员获胜。

团体赛每队 4 名队员，3 人参加团体对抗，一名队员作为替补。每场 3 分钟打 5 剑，共 9 场。先得 45 分的队获胜。如果有的运动员在规定的 3 分钟内没有刺中对方 5 剑，这一队的下一名运动员接着比赛往下打，可以打到他那场应该打到的分数，即：第一场到 5 分，第二场到 10 分，第三场到 15 分……一直打到取得 45 分，结束比赛。

1. 花剑

分男子和女子，均有个人赛和团体赛。比赛时，只准刺对方躯干有效部位，不可劈打。正式比赛使用电动花剑，运动员有效部位穿金属背心，当击中金属背心时，电动裁判器显示彩灯，击中无效部位显示白灯。互相击中时，主裁判按优先裁判权原则进行判决。若双方同时进攻，并同时击中（或一方击中）无效部位，不作判决，比赛继续。由于花剑轻巧，有效击中面积小，因此对战术尤为讲究。

2. 重剑

分男子和女子，均有个人赛和团体赛。比赛时运动员全身都是有效部位，只准刺，不准劈打，是最早采用电动裁判器的击剑运动项目。双方在 1/25 秒内同时击中为"互中"，一方超过 1/25 秒以后击中，电动裁判器只显示先被击中一方的灯光。现代五项运动比赛中，击剑项目为重剑，并以击中一剑决胜负。由于有效部位大，无优先裁判权规则，故运动员在比赛时比较谨慎，重视时机的选择。

3. 佩剑

为男子项目，有团体赛和个人赛。比赛时以劈为主，也可刺，腰部以上（包括头部和股）为有效部位。有效部位穿金属衣和戴金属面罩。击中有效部位时，电动裁判器显示彩灯；击中无效部位时不显示灯。互相击中时，主裁判按优先裁判权原则进行判决。若双方同时进攻，并同时击中，不作判决，在原地重新开始比赛。由于动作幅度较大，进攻速度快，威胁力强，对运动员步法的灵活性和战术的快速应变能力等要求高。

有效部位

有效部位是指刺中对方身体的规定部位才可计分。男子的有效部位是自小腹以上到锁骨处；女子自腰部以上到锁骨处，也即穿金属背心部位。重剑的有效部位则是全身所有部位。佩剑为腰部以上所有上身和手臂都是有效部位。击中这些部位以外的均称无效部位，击中不算，进攻者得分。女子每场 8 分钟或刺中 8 剑、男子 10 分钟或刺中 10 剑决胜负。

击剑实战注意事项

1. 击剑交锋前，必须充分热身，以防自伤。准备活动为：充分活动踝关节、膝关节、腕关节、肩关节、颈部、脊椎以及大腿肌肉。

通常的热身方式为，转动各部位关节，正、侧面压腿。热身活动时间不

得低于 15 分钟。

2. 热身时，动作幅度要由小到大，频率不能过快，在疲劳情况下不宜进行。

3. 弓步练习不能过多，以免肌肉韧带和关节损伤。

4. 在击剑过程中，千万要量力而行。以防脚踝、膝部、大腿肌肉等部位扭伤拉伤。

5. 击剑是斗智斗勇的体育活动。请勿玩儿命劈刺对手，以防给对手或自己造成不必要的伤害。点到为止，以轻、巧、灵取胜于敌。

6. 在击剑过程中，心态要平和，放松全身的肌肉，呼吸自如。尤其是要注意：肩、臂、手腕关节的放松。精神紧张，导致肌肉僵硬，以至于到了无法正常呼吸的地步，将直接导致运剑和步法的灵活性，并降低反应速度，且大量消耗体力。同时，会影响肢体的协调性。

7. 注意身体的协调性。特指步法与剑的协调。

拳　击

拳击，是戴拳击手套进行格斗的运动项目。分业余（奥运拳击）和职业拳击。

在古代奥运中，拳击运动就已经是比赛项目之一。1896 年，第 1 届夏季奥运中，由于希腊君王认为拳击太为暴力、危险而且不人道，因此不批准将拳击列入该届的比赛项目之一。

1881 年，英国业余拳击协会成立，拳击开始传到世界各地。1908 年第 4 届伦敦奥运会上，拳击正式被列入比赛项目之一，但在 1912 年斯德哥尔摩奥运中，由于瑞典法律不准许拳击运动，因此一度消失了。1920 年，拳击运动再次列入奥运比赛项目的名单之中，一直到现在。

拳击竞赛场地

比赛用的方形拳击台面积为 6.1 平方米，四周有围绳。拳击台表面由拉展开的帆布组成，帆布下面有软垫层。整个拳击台面延伸出围绳的面积为45.72 平方厘米。

拳击台的每一边的围绳由 4 根平行的绳子组成。离拳击台地面最低的绳子有 40.66 厘米高，两道绳子间的高距为 30.48 厘米。

拳击台上的四角用不同的颜色加以区分。参赛时拳击手可使用的台角是红色和蓝色，其余两个中立角为白色。

场地应平坦，台上铺有 1.3～1.9 厘米厚的毛毡或其他柔软物。

拳击竞赛器械

运动员比赛时穿背心、短裤、束腰带，脚穿软底皮靴，手缠绷带，外戴皮质拳击手套。

拳击竞赛规则

1．赛制

奥运会拳击比赛采用单败淘汰制。对手通过抽签决定，不设种子选手。半决赛失败的运动员并列第 3 名。比赛分为 4 个回合，每个回合 2 分钟，回合间休息 1 分钟。

2．称重

比赛第一天上午，所有参赛运动员都要体检、称重。在比赛过程中，只要求当天参赛的运动员参加体检、称重；从称重到比赛开始不得少于 3 小时。

3．得分拳

每个回合中，评判员根据每名运动员击中对方的次数评判其得分。具有得分值的击中必须在没有格挡、阻挡或防御的情况下，用任何一只握紧拳套的手的拳峰部位直接击打在对方头部或腰部以上部位的正面或侧面。摆拳如按要求击中也得分。在双方运动员近距离的连续对打中，应该在对打结束时评判分数。根据双方对打时所占优势的程度，将分数判给优势大的运动员。

4．（击）倒地和（击）倒地不起

在一场拳击比赛中，拳击手被击中后，脚以上身体的任何其他部分接触台面可判为倒地。在被击中后，身体部分跌出围绳以外或体力不支依靠或悬挂在围绳上，或者在受到重击后，虽然可以站立但被台上裁判员认为无法继续比赛时，选手都应被判为倒地。当拳击手被击倒后，场上裁判开始从 1 到

10 数秒数，现在已采用电子数秒设备，每数一次设备会发出一声嘟声，但是台上裁判经常自己来数秒。台上裁判在数秒时要求保持一只手在倒地选手的面前，用手势表明数秒的数字。在数到 10 秒后，如果倒地选手仍不能起立，可判对方击倒对手获胜。即使倒地选手立刻站立起来，也不能继续比赛，他必须先接受台上裁判员的 8 次数秒。在数秒到 8 后，在认为比赛可以继续时，台上裁判员会命令"开始"继续比赛。如果被击倒选手在站立起来后在无击打情况下再次倒地，台上裁判员开始一次 8 次数秒。

倒地并正在被数秒的选手只有在决赛的最后一个回合结束铃声响时才可以被终止数秒，避免被判失败。在其他回合的比赛中，台上裁判员在铃声响后继续数秒。

如果双方同时被击倒地，台上裁判员同时数秒，只要一方保持倒地，继续数秒到 10。如果双方在数秒到 10 时都不能站起，这时比赛结束，倒地时间以前为止获得点数最多者胜出。

5. 犯规

拳击手犯规时，他将面临告诫、警告或最严厉的处罚——取消比赛资格。对同一种犯规定两次告诫等于一次警告。3 次警告，无论是否针对同一种犯规，就会导致取消选手的比赛资格。常见的犯规包括：击打对方腰线以下部位，抱住对方，用手臂和肘部挤压对方的脸部，把对方的头往围绳外压，张开手掌击打，用掌背击打，击打对方的头颈后部以及躯体的背部。其他的犯规有：消极防守，在场上裁判员命令"分开"时不后退一步，语言冲撞台上裁判员以及在台上裁判员命令"分开"后马上击打对方。

6. 台上裁判员常用的 3 个口令

（1）"BOX"（开始）

在比赛开始时命令运动员可以开始比赛，或因为犯规等其他原因造成比赛中止后，命令运动员可以继续进行比赛。

（2）"STOP"（停止）在一个回合结束后命令运动员停止比赛，或在一方运动员犯规、被击倒等情况下，命令运动员停止比赛。

（3）"BREAK"（分开）

当双方运动员相互搂抱而没有出拳，超过一定时间的情况下，命令运动员停止相互搂抱，各自向后退一步，然后继续比赛。

7. 其他规则

（1）如果任何一个拳击手在一个回合内接受 3 次数秒或一场比赛中接受 4 次数秒，台上裁判员可以终止比赛，宣布对方为优胜者。

（2）如果台上裁判员在比赛的第 1 个回合由于选手眼部受伤或类似的原因终止比赛，对方胜出。但是，如果台上裁判员在第 2 回合或第 3 回合由于上述原因终止比赛，将通过累计到此时为止评判员所给的点数来评定比赛的优胜者。

（3）参赛的选手要求在第 1 回合开始之前和比赛结果宣布后相互握手，表示友好。参加奥运会拳击比赛的选手年龄必须不小于 17 岁，不大于 34 岁。

（4）参赛选手下巴禁止蓄有胡须，上唇胡须最长不能超过上唇缘。

（5）每一场比赛之前，医务检察官司必须声明参赛选手的健康状况是否适合参赛。在比赛中，有 3 名医生在场边，任何一位医生在认为依据医学上的理由有必要终止比赛时可以终止比赛。

拳击防守方法

阻挡防守：根据对手来拳击打的路线不同可采用掌、肘、臂和肩阻止对方来拳。用阻挡防守法可有效地防守对手在中距离、近距离和远距离的各种拳法。比如对方用左、右直拳击下颌时，右手张开拳套在下颌处阻挡对方的直拳。

格挡防守：格挡是格架或拍击对方来拳，使它改变方向。格挡便于还击。

闪躲防守：闪躲防守是用身体的闪躲使头离开击打路线。在实战中，闪躲被认为是一种最实用的防守方法，因为防守者可以空出两手以便进行反击。

闪躲技术要求能准确地判断时间。如果运动员掌握了良好的闪躲技术，就会使对手的来拳不断失误和击空，使之失去平衡，对其暴露的部位可趁机给予击打。在闪躲的同时可以发迎击拳。

闪躲法专门用于防守对手击头部，对直拳的防守要向侧面闪躲，对摆拳和上钩拳可作向后移步。

潜避防守：潜避技术是对摆拳击头的一种主要防守方法，这一防守法是在身体重心下降的同时快速完成缩身下潜动作。在潜避中运动员用头和上体划出一个半圆的连贯动作，微屈腿的同时向对手出拳方向下潜，然后直起身。在做这个动作过程中，要始终注视着对手，动作要快而有力。

这一防守动作是由整个身体和腰部动作来完成的，要保持稳定的姿势，以利恢复实战预备姿势和进行还击。

知识点

职业拳击

职业拳击，是戴拳击手套进行格斗的运动项目。职业拳击与业余拳击或奥运拳击不同的是，职业拳击是不可以带护甲的，而且职业拳击手是不可以参加奥运会的。职业拳击的拳王头衔任命及排名由各大职业拳击组织说了算，最主要的是 WBA（世界拳击协会）、WBC（世界拳击理事会）、IBF（国际拳击联合会）、WBO（世界拳击组织）、WPBF（世界职业拳击联合会）。

延伸阅读

国际公认的职业拳击组织

目前，世界上共有 5 个国际公认的职业拳击组织和一个国际业余拳击组织。各个职业拳击组织的比赛共设 17 个比赛级别，每个职业拳击组织都有自己的各个级别的世界冠军。

1. 世界拳击协会（简称 WBA）

世界拳击协会成立于 1967 年，主席是曼多萨。WBA 原是在美国成立的国立拳击运动协会，以对抗纽约州体育运动委员会。它主要是一个美国机构，基本控制着整个美国的拳击比赛。

2. 世界拳击理事会（简称 WBC）

世界拳击理事会成立于 1963 年，总部设在墨西哥城，主席是苏莱曼。这个组织由美国大多数民族和国际管理团体组成，并得到了纽约州体育运动委员会的支持，同时，它联合了欧洲拳联、英国拳联、拉丁美洲拳联、美国部分州的拳协和亚洲、非洲的一些国家拳联。它更倾向为一个世界性的、更具包容性的组织。他们的大部分收入用来促进拳击运动、保护运动员及改善医疗设施上。1979 年，WBC 进行了重建，目前已经成为世界上知名度最高、实力最强的职业拳击组织。

3. 国际拳击联合会（简称 IBF）

国际拳击联合会成立于 1983 年，总部设在美国的新泽西州，主席是罗伯特·李。IBF 是一个与 WBC 对立的组织，这个组织成立的目的在于夺取被美国把持的颁奖权利。这个组织的前身是美国拳击协会（USBA，成立于 1976 年），原来两个组织并存，现在又重新合并，称 IBF/USBA，冠军为两个组织所共有。

4. 世界拳击组织（简称 WBO）

世界拳击组织是 1988 年从世界拳击理事会（WBC）中分裂出来的一个新的职业拳击组织。它的总部设在波多黎各，但冠军委员会却是在美国的佛罗里达州的迈阿密市。现任主席是美国的乔托福斯。到目前为止，WBO 已在世界上每个洲、几乎 20 多个国家进行过冠军赛。

5. 世界职业拳击联合会（简称 WPBF）

世界职业拳击联合会的历史能够追溯到最初的世界拳击联盟，在 1989 年，由来自美国、加拿大、墨西哥、波多黎各、巴拿马、法国、德国、菲律宾、尼日利亚、白俄罗斯、乌克兰、肯尼亚和南非的国家代表倡议，于 1990 年，在美国维吉尼亚州正式成立。其主要职责和目标是积极制裁、监督和管理非洲、亚洲－太平洋、欧洲、拉丁美洲、北美洲地区有着类似目标的成员国家的职业拳击主管团体，维护职业拳击运动好的声誉，维护和确保世界各国职业拳击手的安全和福利，执行和发布每月官方世界职业拳击手排名，执行和改进国际职业拳击竞赛规则和安全保护措施，普及和推广职业拳击事业，提高世界职业拳击运动水平。

摔 跤

摔跤是一种古老的两人徒手较量运动，在古代奥运中就已经是比赛项目了，19 世纪法国人艾克斯布莱亚特为古典式摔跤制定了比赛规则。1896 年举行的第 1 届现代奥运会把古典式摔跤列为正式比赛项目。1900 年摔跤比赛暂时从奥运项目中消失。1892 年在法国举行了第 1 届世界古典式摔跤锦标赛。1904 年，第 3 届现代奥运会增添了一项摔跤项目，名为"自由式摔跤"，又称自由式角力。1908 年古典式摔跤重返奥运赛场，自由式和古典式摔跤第一次同时出现在奥运会上。1914 年成立了"国际业余摔跤联合会"，根据该会章程规定，古典式摔跤、自由式摔跤列为国际比赛项目。2001 年 9 月在洛桑同意雅典奥运会增设女子摔跤比赛项目。

世界各国都有自己民族形式的摔跤方式。柔道与相扑是日本的摔跤，它们和中国式摔跤、俄罗斯的桑勃、古典式角力、自由式角力都属于摔跤的范畴，但各自又有各自的比赛规则和独特形式。所以还不能说摔跤、柔道和相扑是一回事。

根据摔跤运动员的服装、允许使用的动作、决定胜负的标准等特点，目前世界上摔跤可分为 6 类：

摔跤比赛

（1）不许抓握下肢，不许用腿使绊的站立摔跤（摔倒就停止）。如藏族、维吾尔族、俄罗斯族、乌兹别克族的摔跤。

（2）可用腿使绊但不许抓握下肢的站立摔跤。如中国的蒙古族摔跤、俄罗斯的格鲁吉亚摔跤。

（3）可抓握下肢，也可用腿使绊的站立摔跤。如中国式摔跤、桑勃摔跤、朝鲜族摔跤和日本相扑。

（4）不许抓握下肢，不许用腿使绊的站立和跪撑摔跤（倒下后继续翻滚角斗）。如希腊罗马式摔跤。

（5）可抓握下肢，也可用腿使绊的站立和跪撑摔跤。如自由式摔跤、土耳其摔跤、古埃及摔跤。

（6）可抓握下肢，可用腿使绊，可逼迫关节，可勒绞颈部使对方窒息的站立和跪撑摔跤。如柔道、美国自由式摔跤、荷兰摔跤等。

摔跤竞赛场地

在奥运会比赛中，必须使用国际摔联认可的摔跤垫。垫上有直径 9 米的圆圈，沿 9 米圈内有 1 米宽的红色区带，该区域也是比赛区的一个组成部分。圈外由 1.5 米宽的边缘区所包围。

下列几个部分构成摔跤垫子的不同区域：

①中心的红色圆圈为摔跤垫中心区（直径 1 米），是比赛开始、比赛结束和裁判员宣布胜负的地点。

②红色带以内的区域（直径 7 米）称为中心比赛区。

红色带区域（宽 1 米）称为红色区，属于比赛区边缘地带，出红圈就被视为出界。

③红色带以外的边缘区（宽 1.5 米）称为保护区。

比赛时，将垫子放置在搭制的台子上，但台子的高度不得超过 1.1 米。禁止使用柱子和绳子。如果台子上的垫子以外的自由空间宽度未超过 2 米，台子四周的边要搭成 45°斜角。自由空间的颜色应使用不同于垫子的颜色，要用柔软的物体覆盖并仔细的固定在台面上。此外，摔跤垫对角区域的颜色应用与运动员摔跤服颜色一致的红、蓝两色清晰标明。为保证比赛正常进行，摔跤垫应放置在四周宽阔无障碍的地方。

摔跤竞赛器材

（1）比赛摔跤服。运动员必须穿着国际摔联认可的红色或蓝色连体摔跤服上场比赛。摔跤服胸前印有所代表国家或地区的徽记，背后印有最大尺寸为 10 厘米×10 厘米的国家或地区名称缩写。运动员摔跤服上不得印有其他国家/地区的徽记或名称缩写。允许使用无金属部件的薄形护膝。运动员比赛时必须携带一块手帕，在干赛前向场上裁判员出示并接受检查。

（2）护耳。运动员佩戴的护耳必须经过国际摔联批准，不得含有金属器件或硬质外壳。裁判员可要求头发过长的运动员佩戴护耳。

（3）跤鞋。运动员必须穿紧固踝关节的摔跤鞋。禁止使用有鞋跟、鞋钉、鞋扣及金属材料的摔跤鞋。摔跤鞋可以没有鞋带，有鞋带的摔跤鞋应用

胶带包裹起来，避免鞋带在比赛中松散。每位参赛运动员应自备胶带并保证在出场之前将鞋带固定好。

摔跤竞赛规则

1. 称量体重

各级别比赛前一天称量体重，时间持续30分钟。

（1）抽签。运动员称体重，离开磅秤时自己抽签号，并以此为基础编排配对。

（2）最初的排列顺序。如果有一名或数名运动员未参加称量体重或者超重，称量体重结束后，根据从小号到大号的原则重新排列运动员的序号。

（3）编排。依据运动员所抽的签号进行分组配对，按抽签的顺序进行排列，如1对2，3对4，5对6，依次进行配对。

2. 比赛的淘汰

比赛按参赛的人数分两大组进行淘汰赛，直到各组产生最后一名获胜者，他们将进行冠亚军的决赛。除在比赛中负于2名进行决赛运动员而参加争夺3~8名复活赛的运动员外，其他比赛中的负方将被淘汰，其最终名次将根据所获名次排列。

3. 犯规

在古典式摔跤中，选手严禁抓扯对方腰带以下部位，严禁使用腿攻击对方，也不得攻击对方腿部。在自由式中，可以攻击对方脚部，有一点像柔道。女子摔跤的规则事实上与男子自由式摔跤相同。但是，在女子比赛中，严格禁止抱搂对手颈部。

4. 评分标准

摔跤比赛中一方将另一方摔成不同的姿态所获得的技术分值不一样，摔跤的技术分值有"1分、2分、3分和5分"。

（1）摔跤比赛分为3局，采用三局两胜制，每局2分钟。

（2）每一局比赛中比分多的选手将获得局回合比赛的胜利。如果前两局摔平，那么将进行第3决胜局的比赛，决胜局获胜的选手将获得整场比赛的胜利。

（3）如果一局比赛结束，比分相同，获得大技术分值的运动员获胜；如双方技术分值都相同，判后得分者获胜。

（4）古典式摔跤在每一局的比赛进行到 1 分钟时，将进行跪撑提抱摔，由裁判员抛牌决定哪一方先进攻。30 秒之后进行交换，原防守的一方成为进攻方，直至时间到，由比分的多少判定胜负。

（5）自由式摔跤在每一局比赛结束时，如果比分为 0∶0，将进行搂抱。由裁判员抛牌决定哪一方进攻。在 30 秒之内进攻方一旦得分，比赛结束，判进攻方获胜；如果 30 秒钟进攻方没有得分，比赛结束，给对方 1 分，判防守方获胜。

5. 特殊获胜方式

（1）技术优势获胜。一局比赛中双方的得分相差 6 分，不管本局的比赛时间是否已到，本局比赛马上结束，判定分值高的选手获胜。

（2）高分值技术获胜。为了鼓励运动员使用高分值的技术动作，摔跤规则规定：在一局比赛中使用动作一方得到一个 5 分分值的技术分，或得到两个 3 分分值的技术分，不管一局的比赛时间是否已到，本局比赛都要结束，判定得高分的运动员获胜。

（3）双肩着地获胜。比赛中任意一方将另一方摔成肩背着地，并控制住对方使其双肩着地达 1 秒钟，控制者获得整场比赛的胜利。

相　扑

相扑，由两名大力士裸露上身，互相角力。日本有关相扑比较确切的文字记载，是 8 世纪初编纂成的《日本书纪》，书内记述第 35 代天皇（641—645）为了接待古代朝鲜百济国使者，召集了宫廷卫士举行相扑竞赛。尽管有人称，中国相扑和日本有关系，但日本的相扑是否由中国输入，目前没见到明确记载。

蒙古式摔跤简介

摔跤，蒙古语称为"搏克"，蒙古族的传统体育活动。摔跤手为搏克·巴依勒德呼。早在 13 世纪时已经盛行于北方草原。既是体育活动，也是一种娱乐活动。所属在祭敖包和那达慕大会时进行。

蒙古式摔跤具有独特的民族风格。摔跤比赛时，身穿铜钉牛皮坎肩"昭达格"，头缠红、黄、蓝三色头巾，脚蹬蒙古花皮靴，腰扎花皮带，下身穿套裤，脖子上挂着五彩飘带。出场时，双方摔跤手挥舞双臂，然后互相搏斗。

蒙古族的摔跤，既不同于中国式摔跤，也不同于日本的相扑。它在规则、方法、服装、场地等方面都有自己的特点。蒙古式摔跤一上来就互相抓握，膝盖以上任何部位着地都为失败。摔跤人数是 8、16、32、64、128、256 等双数，总数不能出现奇数。报名不分民族，不分地区，不限体重。安排对手由德高望重的裁判员负责，不征求摔跤手的意见。比赛实行单淘汰制，即每轮淘汰半数。

柔　道

柔道通过把对手摔倒在地而赢得比赛，它是奥运会比赛中唯一的允许使用窒息或扭脱关节等手段来制服对手的项目。

1877 年，东京帝国大学（现在的东京大学）学生嘉纳治五郎，当时 18岁，他从健体的愿望出发，立志学习柔术。最初在天神真杨流派的福田八之助门下就学，后在同流派的矶正智处学习，随后又在饭久保恒年的起倒流派学习。经过数年努力，业艺达到很高水平。他对天神真杨流派、起倒流派，以及其他各流派进行深入的研究，不视门户之见，博采众家之长，经过整理改革，使柔术技艺理论和技术趋向完善，并制订了一套较为系统的训练方法，取消了具有危险性的动作，确立了以投技、固技、当身技 3 部分为主的新的柔术体系，从而使传统柔术的面貌一新而改革创造成为现代柔道运动。

从此，对柔道成为具有教育性的体育项目开始了科学探讨，并使柔道在培养高尚的意志品质方面迈出了新的步伐。日本人民出于对柔道的推崇和对自己民族文化的热爱，非常敬仰嘉纳治五郎先生，把他称为"柔道之父"。

1882 年，嘉纳治五郎先生移居在下谷稻荷町永昌寺内，把专院作为道场（训练场），教授学生，开始了以柔道为中心的训练活动。这个永昌寺也就成了"日本传讲道馆柔道"的创业地。

经过嘉纳治五郎先生的辛勤努力和大力提倡，1882 年在日本的东京下谷北稻荷街的永昌寺，建立了日本最早的"讲道馆"，用以训练和传授柔道。很快柔道便在日本全国普遍开展起来。1895 年，日本成立了"大日本武德会"，大力宣传和推广柔道，并制定了柔道比赛的统一规则。从 1930 年起，柔道在日本学校中成了青少年的必修课。在军队、

柔道运动

警察部队以及其他各种场所也开始教授柔道，并在全国各地通过各种柔道比赛，使柔道逐渐成为日本普及的运动。1948 年，日本举行了柔道锦标赛。1949 年，成立了全日本柔道联盟。

为鼓励柔道运动员积极向上、刻苦训练，嘉纳治五郎设立了柔道的段位制：一、二、三、四、五段腰带颜色为黑色；六、七、八段腰带颜色为红白相间的腰带；九、十段腰带颜色为红色带。未入段者又分为五个等级：一、二、三级系茶色腰带；四、五级系白色腰带。1949 年，欧洲成立了柔道联合会。1951 年 7 月，由英国、法国、德国、意大利、荷兰、瑞士、日本等 12 个国家发起成立了国际柔道联合会。本部设在日本东京，会长为嘉纳履正（嘉纳治五郎之子）。

1956 年，在日本东京举办了第 1 届世界柔道比赛。1964 年 5 月，在日本东京举行的第 18 届奥运会上，男子柔道被列为奥运会正式比赛项目。

女子柔道也始于日本。早在 1893 年，嘉纳治五郎就在日本讲道馆开始招收女生，传授柔道。20 世纪 70 年代，女子柔道在全世界范围内开展起来。1978 年，国际柔道联合会正式决定举办世界柔道比赛，并对女子柔道比赛的体重级别作出了具体的规定，这一决定在很大程度上推进了女子柔道运动在世界范围内的迅猛发展。1980 年 11 月 29 日，在美国纽约举办了第 1 次女子柔道比赛，当时有 27 个国家和地区的 150 多名运动员参赛。

1964 年 5 月，在日本东京举行的第 18 届奥运会上，男子柔道被列为奥运会正式比赛项目。在 1968 年奥运会上，柔道项目被取消。1972 年，男子柔道再次成为奥运会正式比赛项目。

1984 年，国际奥委会同意将女子柔道列入 1988 年奥运会表演项目。1992 年第 25 届奥运会上，女子柔道被列为奥运会正式比赛项目。

1979 年，我国举办了第 1 届"柔道技术训练班"。为我国培养了第 1 批柔道教练员和运动员，从此柔道逐渐在我国各地开展起来。

1980 年 9 月 16 日，在秦皇岛举办了第 1 届全国柔道比赛。1983 年，在全国第 5 届运动会上，柔道被列为正式比赛项目。1981 年，在山西省举办了首届全国女子柔道比赛。1984 年，在河北省石家庄市举办第 1 届全国女子柔道锦标赛。

1986 年 12 月，在荷兰举行的第 4 届世界女子柔道锦标赛上，我国女子柔道选手高凤莲夺取 72 公斤以上级金牌，这是我国柔道运动员获得的第 1 个世界冠军。

在 1992 年奥运会上，我国女子柔道选手庄晓严获得 72 公斤以上级冠军；在 1996 年奥运会上，我国女子柔道选手孙福明也获得了 78 公斤以上级冠军；在 2000 年奥运会上，我国女子柔道选手袁华获得了女子 78 公斤以上级冠军，实现了奥运会柔道大级别的三连冠。此外，唐琳获得了 78 公斤级冠军。在 2004 年第 28 届奥运会上，我国女子柔道选手冼东妹获得了 52 公斤级冠军，这是我国在奥运会女子柔道小级别比赛上的首次突破。

柔道竞赛场地

14 米 × 14 米至 16 米 × 16 米的正方形垫子，用榻榻米或类似的材料，通常为绿色。分为 3 个区域：中心区，也就是 6 平方米的绿色竞赛区，与其连接的是 1 米宽的红色区域，用来提醒选手不要超出边界。最外面的是 3 米宽的安全区，此区不属于比赛场地。赛场中间有两条蓝白彩带，参赛选手就在此处开始比赛。

柔道竞赛器械

比赛中，两位选手分别穿上蓝色和白色的柔道服。所有的参赛者都要戴上黑色的腰带，以显示他们的级别。赤足。衣袖宽大，袖长略过前臂中部。衣长为系后能覆盖臀部。裤长略过小腿中部。腰带长度为围腰两圈，束紧打扁结，两端各余 20～30 厘米。一方系红色带，一方系白色带，以示区别。女子柔道运动员要在柔道服内穿白色短袖圆领衫。柔道服由宽松的裤子、上衣和腰带组成。

柔道比赛规则

1．时间和裁判

男子比赛时间为 5 分钟，女子为 4 分钟，禁止击打，不许用头、肘、膝顶撞对方。除了肘关节外，不许对其他关节使用反关节的动作。不许抓头发和生殖器。任何可能伤害对方颈椎或脊椎的动作均被禁止。比赛设 3 名裁判员，主裁判在场上组织运动员进行比赛，并评定技术，宣布胜负。相对两角各有一名裁判，评定分数和运动员在场上的表现。

2．比分

柔道运动可以通过摔倒对方来得分，也可通过柔道技巧来控制对方，使对方在 25 秒内不动，如腕碱手等技巧。得 1 分叫 1 本。一本需要符合 4 个规则：

（1）摔来达到 1 本，柔道手必须将对手从自己的背部摔过，摔的动作必须有力度、迅速，并且要控制住对手。

（2）柔道运动也可以通过得两个半分来取胜，或者是接近半胜程度，即当选手摔的动作不符合 4 个标准时，也就是当控制对手时间没有达到 25 秒但达到 20 秒时，得半分。

（3）柔道比赛还有两种计分方法，yoko 和 koka，但这两种状态均不得分，yoko 指的是摔的动作不符合两个标准，或控制对手时间不足，为

15～19 秒之间；koka 指的是摔的动作不符合 3 个标准，或控制对手时间为 10～14 秒之间。

（4）yuko 和 koka 通常在比赛结束时作为判定胜负的资料，yoko 作为第 1 标准，如果还是打成平手 koka 则作为第 2 标准。如果仍然打成平手，则由边裁根据选手在比赛中的有效动作和犯规次数决定其胜负，边裁会举起蓝色或白色的旗子来表明比赛结果。

3. 犯规的惩罚

运动员有犯规行为或是踏出比赛区，根据情节轻重受到"指导"、"注意"、"警告"、"取消该场比赛资格"的处罚。运动员在一场比赛中，受到两次警告，就取消该场比赛资格，判对方获胜。

关于比赛点数和得分有 4 种判罚方法。最轻的犯规是 koka，其次是 yoko，在比赛中最为严重的犯规是 1 本犯规，但在判罚前，裁判需与边裁商定。

在比赛中防守过度，将对手推挤出比赛区域或故意躲避对手，给对手造成危险都属于犯规。但是，柔道手在比赛中被对手用合乎规则的动作摔出场外则不属犯规。超出比赛区域指的是柔道手身体的任何部分超出了比赛区域。

如果参赛一方将另一方摔出，而本身由于失去重心而跌出场外，则按照被摔选手的落地时间来判断其是否犯规：被摔选手若先着地，则不算犯规，反之，算犯规。

4. 其他规则

两回比赛之间，双方选手需在比赛区相互鞠躬行礼，参赛选手需保持自身清洁，皮肤需保持干燥，手指甲和脚趾甲需剪短，身体不可有异味。

比赛开始时，参赛双方需用手或脚在比赛用的垫子上击打两下以上，以示礼貌。用手、脚、腿或胳膊击打对手的脸部是绝对不允许的。

柔道手在被对手控制的情况下，不可掰对方的手指，如果比赛由于参赛选手受伤而中止，并且是由于对手失误而受伤，则判对手输。

柔道手不可向对手做出贬义的手势或其他举动。

柔道技战术

柔道的攻防技术分为立技（站立技术），寝技（倒在地上的翻滚角斗技术），以及防身自卫击打对方的当身技。现在柔道比赛中已不准使用当身技。

立技分为投技（站立不倒的投技）和主动倒地的舍身技。投技又分为：①手技，主要用手臂的技术。如"浮落"，即用两手把对方拉倒；②腰技，主要用腰背把对方摔倒。如"大腰"，就是抱住对方躯干，把对方背到背上摔下去；③足技，主要是用腿脚把对方摔倒。如"内谷"，就是用腿把对方挑起来摔下去，再如"送足扫"，就是用脚把对方踢倒。舍身技分真舍身技和横舍身技。真舍身技是施技者主动先倒下，背部着地，然后再制服对方。如"巴投"就是施技者先向后倒，两手拉着对方，用脚蹬对方的腹部，使受技者从施技者身上翻滚过去，倒在垫上。横舍身技是施技者身体先侧倒，再把对方摔倒，如"浮落"。

寝技分为固技、绞技、关节技。固技是把对方的背部按压在垫子上，使之不能逃脱，而施技者保有行动自由。如果施技者的腿被对方的腿夹住，则不算使用固技成功。如"横四方固"就是施技者跪在仰卧的受技者体侧，抱压住对方。绞技是两人倒在垫子上，用手臂或柔道服勒绞对方的颈部使之窒息而认输（以拍击垫子动作示意）。关节技是倒在垫子上，逼迫对方的肘关节，使之疼痛而认输。关节技只许应用肘关节。

知识点

日本柔术

日本柔术是一种古老的日本武术，在日本广义的指徒手的武术，又可以指中心精神是避免对方的攻击力量，并转化为制服敌人的技术。柔术据说是起源自古代战场上的厮杀，当时的战斗是穿着铠甲来进行的，最初是类似相扑的二人插手合抱的形式，后来随着技术发展，出现拧手腕、肘关节、倒身摔等。又有许多不同的流派，各种流派重在不同的技巧（如：抛、摔、锚定、锁等）。现代的柔道和合气道均演变自柔术。

延伸阅读

嘉纳治五郎简介

　　嘉纳治五郎的名字，在今天的日本，主要作为现代柔道的创始人被记住。他从小聪明却个矮虚弱，因而对武术特别有兴趣。到东京上帝国大学（现东京大学）期间，他拜几位师父练过传统柔术，并深入研究了如何利用对方的体重与力气，以致小个子都能够把大汉背起来抛出去，换句话说是"柔能制刚"。同时，他也整理出规范化的指导方法。毕业以后，嘉纳一方面开家塾照顾亲戚朋友的孩子们，也创立弘文馆传授英语，另一方面为普及现代柔道而设立讲道馆。如今做奥运会项目的柔道，就是他创始的。

　　嘉纳治五郎在教育界，前后担任学习院副校长，第五高等学校校长等重要职务。1893，任东京高等师范学校（现国立筑波大学）校长以后，总共当了 26 年的校长。东京高师培养全国的中学教员，其校长则负责全日本的中级教育。甲午战争刚结束后的 1896 年，当头一批中国公费留学生 13 名来到东京之际，外交部长兼教育部长西园寺公望把他们的教育委托给嘉纳治五郎；从此他担当中国留学生上高等专门学校之前的补习教育了。为了中国留学生他创立弘文学院。弘文学院成了当时最大的日语学校，在这儿学习日语的包括鲁迅、陈独秀。

▌跆拳道

　　跆拳道是在韩国发展起来的一项对抗性很强的技术项目，1968 年列为亚运会比赛项目。

　　1973 年 5 月，世界跆拳道联合会在首尔成立，有美国、香港、中国、日本、马来西亚、加拿大、朝鲜、菲律宾、柬埔寨、澳大利亚、科特迪瓦、乌干达、英国、新西兰、加拿大、埃及、奥地利、墨西哥等 20 多个国家和地区加入，目前会员仍在不断增加。

1975 年"世界跆拳道联合会"（简称世界跆联，韩国 WTF）被国际体育联合会接纳为正式会员。1980 年国际奥委会正式承认世界跆联。迄今为止，世界跆联已有 160 个会员国，约 7000 万爱好者参加练习。

1988 年，跆拳道在韩国汉城奥运会首次亮相后，为了适应国际重大比赛，跆拳道的技术在不断地变革和发展。世界跆拳道联盟的总部中有一特别技术委员会，其主要任务就是改进现今的跆拳道技术。

1996 年亚特兰大奥运会完结之后，当时 WTF 的总裁金云龙成为了国际奥委会（IOC）的副会长，随即宣布跆拳道将会在下一届（即 2000 年的悉尼奥运会）成为正式的比赛项目，事后又被发现悉尼奥运会时裁判有不公平裁决。到了 2008 年跆拳道发生选手怒击裁判事件，选手投诉裁判不公令韩国代表全数夺金，跆拳道是否值得成为奥运项目又再被讨论起来。

跆拳道比赛

跆拳道在我国开展的历史不长，随着跆拳道运动在世界体育界的蓬勃开展和奥运会项目的确立，我国体育界意识到开展跆拳道运动的重要性和必要性。

1992 年，中国跆拳道协会筹备小组正式成立，我国正式开展跆拳道运动。1995 年 7 月，中国跆拳道协会成立。中国跆拳道运动从此有了自己的专门组织。随即，1995 年 5 月，首届全国跆拳道锦标赛在北京体育大学举行，从此开始了两年一届的全国跆拳道锦标赛。1995 年 11 月，中国跆拳道协会被世界跆拳道联盟接纳为正式会员。

跆拳道竞赛场地

跆拳道比赛场地是 12 米×12 米的正方形。台面是水平的，台上无任何障碍物，比赛在具有一定弹性的垫子（或场地）上进行。比赛场地可高出地面 50 ~ 60 厘米，为了安全，可装置平衡比赛台的支撑装置，支撑装置要求与

地面所成的角度在 30°以内。

赛场区域的区分如下：

（1）12 米 ×12 米的比赛场中有 8 米 ×8 米的比赛区，8 米 ×8 米和 12 米 ×12 米之间称警戒区。

（2）比赛区和警戒区用不同颜色区分，但是在同色的情况下用 5 厘米宽的白线区分。

（3）区别比赛区和警戒区的线称为警戒线，最外面白线（12 米 ×12 米）称为限制线。

跆拳道比赛规则

1. 得分

每个合理的攻击将得分，下述为合理的攻击：

（1）击打对手的得分部位，除了头外，得分部位包括腹部及身体两侧，这 3 个部位标于对手的护具上。禁止击打对方小腹以下部位。

（2）用规则允许的身体部位击打对手。须用正确紧握的拳头的食指和中指的前部或脚踝关节以下的部位击打对方。

（3）若 3 位裁判中的至少两位对击打进行了认定并记录，则得分有效。

2. 犯规

犯规是跆拳道比赛中的一个重要因素，不仅仅因为被罚 3 分（在高水平比赛中极为罕见）意味着自动失败，仅仅 1 个罚分就可左右比赛的胜负。跆拳道犯规分两种：Kyong－go 和 gam－jeom。最常见的一种犯规 Kyong－go 或警告意味着罚 0.5 分，但是若仅有一次这种犯规则不计入罚分，除非再次犯规而累计罚 1 分。若选手抓、抱、推对方，逃避性地背对对方，假装受伤等时，则判 Kyong－go。

另一种更为严重的犯规称为 gam－jeom，将被罚 1 分。典型的犯规行为包括扔对手，在格斗中对手双脚离地时故意将其放倒，故意攻击对手后背，用手猛击对手的脸部。

3. 击倒

选手被击倒后裁判如拳击比赛一样开始 10 秒的读秒。在跆拳道比赛中一方由于对手发力而使其脚底以外的其他任何部位触地则判为被击倒。裁判也可在选手无意或无法继续比赛时开始读秒。一旦出现击倒，则裁判喊"kal – yeo"意为"暂停"，指示另一方退后，裁判开始用韩语读秒从 1～10 即使被击倒的选手站起来欲继续比赛，他或她必须等待裁判继续读秒至 8 或"yeo – dul"，然后裁判判定该选手是否能继续比赛。若其无法继续比赛，则另一方以击倒获胜。

4．其他规则

（1）若同时出现的犯规在一种以上，则裁判以处罚较重的犯规为准。

（2）若双方均被击倒且读秒至 10 后无法恢复，则击倒前得分高者获胜。

（3）若选手得分后立即犯规，则其所获分数可判为无效，如故意摔倒（一种避免受击打的战术）。

（4）头部被击中倒地的选手在 30 秒内不得参加比赛。

跆拳道基本步伐

跆拳道是一种以腿法为主的武技，实战中步法的灵活运用对保证充分发挥腿的威力，取得实战的胜利具有极其重要的意义。腿法使用时多以后腿进攻，因此跆拳道的步法具有鲜明的特点，即重心落在两脚之间或偏于前脚，而且身体姿势大都以侧向站位，以便保护身体和下面要害部位和使后腿通过拧腰转髋发力，增加击打的力量和速度。

1．前进步

标准实战姿势开始，两脚成斜马步，两手握拳置于胸前。前进时后脚蹬地向前迈步，身体侧转成另一侧斜马步，可连续进行。这是前进步中的一种上步，注意拧腰转髋。前进时，后脚蹬地，前脚向前滑行称为前滑步；后脚蹬地，前脚向前跳跃称为前跃步。前滑步和前跃步都属于前进步，是主动进攻时采用的步法。

2．后退步

由标准的实战姿势开始，前脚掌用力蹬地，后脚先退后一步，前脚随地后退，两脚以及身体仍保持原来姿势。若前脚掌蹬地后，后脚沿地向后滑行一步，前脚随即同样向后滑行一步，两脚以及身体仍保持原来的姿势，叫做

后滑步退。这种步法可以拉开和对手的距离，避开对方的进攻，准备做反击动作。

3. 后撤步

从标准实战姿势开始，以后脚前脚掌为轴，前脚抬起向后经后脚内侧向后撤一步，形成和原来相反的实战姿势。后撤步可根据实战需要左右变化，调整与对方的相对距离，准备进行攻击或反击。

4. 跳换步

由标准的实战姿势开始，两脚同时蹬地使身体腾空，空中两脚前后交换，同时转体；落地时身体姿势成另一侧的准备姿势。跳换步的腾空不宜高，略离地即可；换步时，要拧腰转髋，迅速敏捷，其目的是干扰对方的攻防思路，选择适于自己进攻的方位和转换自己身体的得分部位使对方不能得分。

跆拳道主要特点

1. 以腿法为主，拳脚并用

由于竞赛的需要、规则的限制和跆拳道进攻方法的特点，使得跆拳道是以腿法攻击为主。据统计，在跆拳道技术当中，腿法约占总技法的70%。腿击无论在攻击范围、攻击力量等方面都远远超过拳法的攻击，而拳法的招式，一般偏重于防守和格挡。

2. 动作追求速度、力量和效果，以击破为测试功力的手段

跆拳道不讲究花架子，所有动作都以技击格斗为核心，要求速度快，力量大，击打效果好。在功力的检测方面，则以击破力为测试的手段。就是分别以拳脚击碎木板等，以击碎的厚度来判定功力。

3. 强调呼吸，发声扬威

在跆拳道的练习当中，要求在气势上给人以威严的感觉，练习者常以洪亮并带有威慑力的声音来显示自己的威力。据日本有关研究资料证明，人在无负荷工作时，10%的肌肉会由于发声使他们的收缩速度提高9%，在有负荷工作时更是可以提高14%。这就是为什么在比赛当中运动员会发出响亮的喊叫声的原因。在发声的同时停止呼吸，可以使人体内部的阻力减小，提高动作速度，集中精力，使动作发挥出更大的威力。

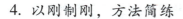

4. 以刚制刚，方法简练

受跆拳道精神影响，运动员在比赛当中多是直击直打，接触防守，躲闪技术运用得比较少。进攻都采用直线连续进攻，以连贯快速的脚法组合击打对手。防守多采用格挡技术，或采取以攻对攻，以攻代防的技术。

5. 礼始礼终，内外兼修

在任何场合下，跆拳道练习者始终以礼相待。练习活动都要以礼开始，以礼结束，以养成谦虚、友好、忍让的作风，在道德修养方面不断地提高自己。

马步与斜马步

马步：两脚开立宽于肩，两脚尖平行或略内扣；挺胸直腰，上身保持不动；两腿曲膝半蹲，重心落于两脚之间。

斜马步：在马步的基础上，身体微侧转；两腿曲膝，两脚略微内口；重心落于前脚上。

跆拳道腰带颜色的象征意义

白带：白带代表空白，练习者没有任何跆拳道知识和基础，一切从零开始。

白黄带（最近增加）：白、黄带之间，有的小朋友考黄带，动作还不是特别标准，所以晋级白黄带。

黄带：黄带是大地的颜色，就像植物在泥土中生根发芽一样，在此阶段要打好基础，并学习大地厚德载物的精神。

黄绿带：介于黄带与绿带之间的水平，练习者的技术在不断上升。

绿带：绿带是植物的颜色，代表练习者的跆拳道技术开始枝繁叶茂，跆拳道技术在不断完善。

绿蓝带：由绿带向蓝带的过渡带，练习者的水平处于绿带与蓝带之间。

蓝带：蓝带是天空的颜色，随着不断的训练，练习者的跆拳道技术逐渐成熟，就像大树一样向着天空生长，练习跆拳道已经完全入门。

蓝红带：练习者的水平比蓝带略高，比红带略低，介于蓝带与红带之间。

红带：红色是危险、警戒的颜色，练习者已经具备相当的攻击能力，对对手已构成威胁，要注意自我修养和控制。

红黑带：经过长时间系统的训练，练习者已修完 1 级以前的全部课程，开始由红带向黑带过渡。

黑带：黑带代表练习者经过长期艰苦的磨炼，其技术动作与思想修为均已相当成熟。也象征跆拳道黑带不受黑暗与恐惧的影响。